大是文化

不詞窮的即興表達

公司開會、電梯簡報、應酬聚會，
你突然被點名發言，怎麼把可能
滅頂的災難變成出頭機會？

線上表達課網路點擊量
破 4,500 萬次的講師
王達峰——著

目錄

第二章 借人、借物、借景，說個好故事 053

第三章 高手都在用的套路，從此不怯場 107

第四章 那些推銷高手，都怎麼即興表達？

第五章 表達的三大陷阱，別踩雷

推薦序

跨年主持開天窗危機：世界上根本不存在「即興」表達

人生設計實驗室創辦人、諮商心理師／盧美妏

想像你是跨年晚會主持人，臨近倒數，你從耳麥收到導播的指令：「還有兩分半鐘，即興發揮一下！」你會說些什麼？

當你開始侃侃而談，回顧過往一年，正要講新年新希望，此時耳麥又傳來導播的聲音：「只剩一分半鐘了！」你趕緊話題一轉做個結尾，準備銜接倒數環節，與直播觀眾一起看煙火，迎接新的一年。這時候，導播又說話了：「搞錯了，還有兩分半鐘！」此時，身為主持人的你，要如何圓場？

說起我印象最深刻的「即興」表達，莫過於知名主持人董卿的「黃金三分鐘」。當年董卿主持元旦特別節目，正面臨本來已經臨場發揮兩分鐘還做了結尾，又要填滿兩分半鐘空檔的危機。無數觀眾盯著董卿，等她帶領大家倒數、迎接新的一年。

還有兩分半鐘啊！

只見臺上的董卿落落大方，向觀眾深深鞠躬，隨後平靜的開口，用「歡樂的笑」、「感動的淚」、「奔波的苦」三句優美的排比句，點出人們一年美好的時刻，慰勞大家整年的辛苦，正好填補了兩分半鐘的空檔。

我看影片還以為這段演說是事先安排好、寫好草稿的，後來才知道背後有這麼一大椿烏龍。於是大家都盛讚，這是教科書等級的「即興」救場。

在我看來，世界上根本不存在「即興」表達。臺上一分鐘，臺下十年功。若沒有深厚的學養內涵，以及扎實的訓練功底，根本不可能天外飛來一筆，忽然靈光乍現就能即興演說。

「你以為的即興，都來自準備。」本書作者王達峰在開頭就點出精髓。

以前總覺得那些能即席演講、妙語如珠、對答如流的人，一定是很聰明、反應很快吧！後來才發現，腦子聰不聰明不是重點，學識涵養、表達技巧才是拉開差距的關鍵因素。

舉個簡單的例子，我們在練習寫英文作文的時候，絕對不是一開始就能下筆如有神，通常會有模板和結構可以參考。尤其參加各類英語檢定的寫作考試，為了讓自己臨場發揮穩定和快速答題，一定會準備幾個寫作模板可以快速套用。

這本書，就是你的即興表達模板。書中提供二十二種不同情境下適用的表達模板，每個章節都有生動的案例和實際句子供讀者參考練習，足以涵蓋我們在職場和生活中會遇到的各種情境。

機會，一向是留給準備好的人。你不知道危機什麼時候會出現，也不知道哪天會遇到助你一臂之力的貴人，能表達自己的機會稍縱即逝。

現在就開始練習，讓自己擁有永不詞窮的即興表達力！

前言
把點我發言，從災難變機會

這是一個被貼滿各種標籤的時代，每隔一段時間，就會冒出一個新標籤：知識付費、自媒體、網紅、大數據、社群、新零售……無論哪個標籤，都規避不了一個共同的趨勢——不確定性。

不確定性代表著可預見性的減少。你腦海中設想的和實際發生的，有可能兵分兩路，甚至南轅北轍。

儘管世界充滿不確定性，我們依然要勇敢面對，但不是有策略性的應對，而是要即興應對。在許多時刻，我們都要做好準備：招之即來、來之能戰、戰之能勝、揮之即去。

如今，不確定性慢慢變成常態，而非意外。

與此同時，我們被裹挾進一個即興時代：即興設計、表達、寫作、銷售，甚至還出現「即興婚姻」（閃婚和閃離）！

即興時代最大的變化是：整塊時間變成碎片時間，大舞臺變成小舞臺。

在這當中，即興表達的需求最大。

作為普通人，我們登上大舞臺、被萬眾矚目的機會屈指可數。但在萬物互聯的時代，隨著微信、Instagram、抖音、Vlog的普及，小舞臺隨手可得：專案中的進展彙報、週會上的三分鐘發言、在公司的走廊上遇到主管的問候語、飯桌上的敬酒詞、婚禮上的祝福語、相親派對上的自我介紹，哪怕只是通訊軟體上一段六十秒的語音、抖音上的一段影片……這些都是你每天即興表達的小舞臺。

要適應這個即興時代，就要掌握即興表達的能力：

一、即興表達隨時都存在於我們的生活當中，它的每一次出現，都意味著一次重要機會的降臨。

我大學就讀的科系和電腦相關，畢業後卻從事企業管理諮詢顧問的工作，成為一名管理教練和培訓師。我很喜歡現在的身分，除了有不錯的收入、可以經常出入一些在別人眼中看起來很高檔的商務場合，更重要的是它充滿挑戰。可是這一份工作卻和我的本科專業風馬牛不相及。許多人都會問我：「你是怎麼進入諮詢行業的？」這得感謝我即興演講的能力。

二〇〇八年，我進入諮詢行業。當時的老東家，手下除了行政人員和銷售人員，絕大部分諮詢顧問的學歷都是碩士和博士，我在那時候是少數以大學學歷成為諮詢顧問的員工。

令我印象最深刻的是第三輪面試的內容：五位候選人從預先準備的箱子內抽一張紙條，以紙條上面的題目來做五分鐘的即興演講。每個人只有一分鐘的準備時間，對面坐著幾位面試官，側邊還擺著一臺攝影機，氛圍被營造得很緊張。一抽到題目我就愣住，紙條上只有一個數字「四」。

你覺得我當時的演講結果如何呢？按照戲劇效果，我應該說我當下講得很糟，但意外的是，那一天我的即興演講獲得面試官的青睞。我順利得到那份工作，因此進入諮詢行業。我會在後面的內容與大家分享我當時即興表達的策略和內容。

二、即興表達除了幫助我們抓住稍縱即逝的機遇，也可以建立良好的人際關係，讓自己成為受歡迎的人。

五年前，我去參加一位客戶（肖總）的生日晚宴，這位客戶在行業中算得上是大哥級的人物，也是一位成功的企業家。那天的宴會總共有七桌，現場的主持人剛好也認識我。不知道是主持人一時興起，還是主辦單位提前交代，主持人竟然在宴席上特別點名要我上臺發言。

天啊，這完全不是我預想的場景，我所設想的只是穿得像樣一點，去參加一場晚宴而已，頂多在敬酒時，向肖總及家人表示祝賀之意。此刻，留給我思考的時間，大概只有從臺下走到臺上的幾秒鐘。

我想所有人都很清楚，這簡短的發言，主要是稱讚肖總。

多半情況下，這種發言就是並列式的，上臺的發言者所說的內容不外乎

「肖總為人大氣」、「肖總信守承諾」、「肖總是特別有愛心的人」。但過去的經驗告訴我，這種並列式的表述無傷大雅，只是很難引起大家的共鳴，更難讓大家留下深刻的印象。

我最終的簡短發言如下：

四年前，我和肖總第一次見面，我們一起在杭州參加論壇，現場有將近一百位各行各業的企業家。那天開了一天的會議，大概在下午五點左右結束，大家都很疲憊，有的人趕著離開。但我看到，在我們大合影後準備散場時，只有肖總一個人走到會場後方，和那天幫我們端茶、倒水的服務生一一握手，並表示感謝。這件事帶給我深刻的印象。

可能有些人覺得這件事沒什麼，但對我來說很震撼。這麼成功的企業家，還能細心的照顧到每個人的感受，這一定是一位情感細膩的人。所以那天我就在想，如果這輩子有機會能和肖總在業務上有往來，那一定是我的榮幸，如果沒機會，我也一定要在生活中交到這位朋友。

這段發言大概一分鐘，我並沒有羅列肖總的優點，只用一種即興結構，講了一個點。當然，你猜得也沒錯，這次發言，不僅讓別人對我印象深刻，更重要的是我和肖總因為這次的發言，情感上聯繫得更緊密。

這當中的即興結構是：時間（四年前）＋事件（肖總在會後和服務生握手）＋修飾潤色（情感細膩）＋美好期望（一定要在生活中交到這位朋友）。

可見，一次不經意的即興表達，能為兩人之間的情感加上保鮮劑。

三、一個人的即興表達能力，還能在關鍵時刻化解危機。

我在諮詢公司第一次擔任專案經理時，因為專案延期被客訴。實際上，我們曾和客戶溝通過專案延期的事，所以我覺得客戶不會對延期有什麼意見。

但令人始料未及的是，這件事竟然被投訴了。在公司年終考核時，主管當場質問我這件事。因為這是我初次當專案經理，所以這件事對評分項目「專案經理基礎素質」的衡量有很大的影響。畢竟，管控項目的節奏是專案經理的重要能力之一。甚至，這將決定我是否還有機會在下一年度繼續帶領團隊。

我當下十分緊張。

我知道如果只是一味的道歉，並不會改善大家對我的評價，頂多也只是覺得我的態度是好的。於是，我就利用四個段落的即興模型，試圖扭轉局面：

這件事是我的責任，雖然項目最後還是順利的完成，但專案進度比預期晚了兩週。（再次說明問題，避免不知情的人憑想像誇大事實。）

有一部分工作是我力所能及卻沒做好的。第一，我沒有以正式通報的方式和客戶溝通，只有在聊天時跟他們說明延期的情況；第二，我在專案計畫進度上，對預備方案的考慮不周；第三，當突發情況出現，我沒有立即調整其他的專案進度。（描述「我力所能及」的工作部分。）

也有一部分的工作是我力所不能及的。我們預計兩週的市場調查和訪談，剛好碰到當地的重大節日，公共場合都施行臨時的交通管制，耽誤調查和訪談的進度。（描述「我力所不能及」的部分。）

針對這次的事，我也做了反思。在下一次的專案，我會從兩個方面提升我在進度管控方面的能力：一是計畫階段，把當地的民俗節日列入考量範圍，並且制定詳細的預備方案；二是重視與客戶的正式溝通，關鍵的時間點、事項都要以正式會議的方式向客戶報告，並和客戶加強情感上的交流。（針對「我力所能及」的部分，提出具體措施。）

在年終考核之後，主管給我的回饋是，我的回答讓大家對我很放心。

實際上，要求隨機應變、臨場反應的即興表達，背後依舊有方法可循。即興表達看似隨性，卻不隨意。**即興表達的重點，在於有策略性的讓觀眾接受你的觀點，並產生共鳴和行動。**

本書中，我將透過以下篇章，與大家分享我這十多年來作為講師的即興表達經驗。

第一章：具備即興表達者的基本素質，讓你踏入成功表達者的行列。

第二章：訓練並拓展即興表達的思維，讓你永不詞窮。

第三章：掌握在多元場合即興表達的萬能結構，讓你不畏懼臨場發揮。

第四章：運用經實際檢驗的即興表達套路，讓你升級為表達高手。

第五章：總結即興表達中的陷阱和應對策略，讓你少走彎路。

希望在閱讀完這本書後，每當遇到生活中無處不在的即興表達時刻，你都能抓住機遇，呈現出那個最自信、最精彩的自我！

第一章

你以為的即興，都來自準備

01 說對方想聽的，而非你想說的

《論語．公冶長》有言：「季文子三思而後行。子聞之，曰：『再，斯可矣』。」意思是季文子對每件事會先反覆思考數次才行動，孔子聽聞這件事，說：「兩次就可以了。」另有「三思而後言」，說的也是相同的道理，要適當的思考過再行動。

在即興表達中，「三思」相當重要。即興表達並不代表要漫無目的的呈現你的觀點，想要成就一次成功的即興表達，勢必要先思考清楚即興表達的意義、內容，以及該如何組織內容，也就是**要從三個角度來確定你要表達什麼**。我們將這個過程簡稱為「三思三定」，它可說是即興表達的寶物。

一「思」：表達的目的是什麼？

許多人在即興表達之前，都會擔心自己講不好，所以就會一直思考：「我要講什麼？又要如何組織這些內容呢？」這是大家都很難克服的慣性思維。

但實際上，**表達的目的永遠比內容更重要**。沒有目的的表達，就如同沒有帆的船，很難將內容傳送至接收者的耳畔。況且每次即興演講最多三到五分鐘，對方在短時間內，很難對我們表達的內容產生興趣，更別說要理解了。

因此，每次即興表達前，你都應該想清楚即興表達的目的，圍繞這一個目的，表達的內容自然也會水到渠成。

借用《高效能人士的七個習慣》（*The 7 Habits of Highly Effective People*）這本書中的第二個習慣「以終為始」，每一次即興表達，也要以終為始。

但需要注意一個關鍵，這個目的一定要以對方為主角。許多人在即興表達之前，都會將目標定為如下幾種：

- 想向別人證明自己的觀點正確。

- 想讓對方認同、理解、支持自己的觀點。
- 想顯示自己的與眾不同和獨特見解，讓對方刮目相看。
- 因為自己準備很多，所以必須把這些說完。
- 第一次見面，我得讓對方印象深刻。

這些大家看上去司空見慣的目的，其實都是表達的「思維陷阱」，因為這些目的都不是為對方設想，而是為了自己。這樣會導致你在表達的起點就已經偏離航線，甚至讓即興表達變成一件吃力不討好的事。

為了說明要如何以對方為主角，這裡列舉幾個例子：

- 我想讓大家可以從這件事得到信心。
- 我想讓主管批准這個專案的預算，現在已經到了專案的關鍵期。
- 我想讓大家認識到，接下來這兩個月，是最關鍵的進攻時刻。

以上目的更具體，也都是以對方為基底。

因此，即興表達的第一步，就是要想清楚，你所要實現的目的是什麼，而且這個目的一定得是對方想聽的，這樣才會對表達產生正面的效果。

二「思」：對方需要知道哪些內容？

具體而言，就是思考我需要讓對方知道哪些內容，才更容易實現目的。

需要注意的是，無論你想讓對方知道的事有多少，務必將它概括成三件事。**超過三件，對方就很難記得或認同。**

假設你的目的是「讓主管批准這個專案的預算」。基於這個目的，就需要找到主管關注的重點。需要讓主管知道的內容有三點：

- 這個項目能為公司帶來哪些好處？
- 與同行的其他公司相比，我們公司做這個項目有多急迫？
- 如果拿到預算，你會怎麼花這些錢、怎麼管理財務？

表達清楚上述三件事，就可以更輕鬆的讓主管批准這項專案的預算。可見，一旦即興表達的目的明確，你所需要講的內容也就水到渠成。

例如，某一次的即興表達，你的目的是「讓對方留下一個積極樂觀的印象」。基於這一個目的，你需要讓對方知道哪些內容呢？

- 講述遇到的困境和自己的處理方法。
- 在處理的過程中，自己發揮哪些能力。
- 事情結束後，自己有哪些反思。

表達上述三項內容，就可以讓對方留下一個積極樂觀的印象。你看，目的和內容是貫穿在一起的。無論你遇到的即興表達有無明確的主題，在任何一次即興演講之前，一定要先考量對方的角度，思考你要實現的目的。只要目的明確，內容會魚貫而出，與目的相契合。

三「思」：你想傳達什麼樣的感覺給對方？

比如，你想表達一種急迫、氣憤、惋惜、激動或是真誠的感覺。

相較於主題演講在一、兩個小時的時間裡，會有各種情感的變化，在三到五分鐘的即興演講中，你的感覺以及情感根本沒時間培養起伏。因此，在即興表達之前，你務必要考慮清楚：在這次即興表達中，你想傳遞什麼樣的感覺？

繼續以上文「想讓主管批准專案的預算」為例，在主管面前表達時，你就要傳遞一種急迫的感覺。接下來，在整個表達過程中，當你把這個感覺事先想好，那麼你表達的語氣、神情、狀態都要為這種急迫的感覺服務。

在即興表達中，事先想好對方可能的目的、對方想知道的內容，以及自己想要傳遞的感覺之後，就完成了「三思」的步驟。接著，就要實現「三定」。

所謂三定，就是定話題、定觀點、定框架。

定話題，是對應三思中的目的。基於目的，確定即興表達的話題。

定觀點，是對應三思中的內容，將對方需要了解的內容整理成觀點。

定框架，是確定觀點的排列順序，就算內容一樣，只要排列順序不同，表達的效果也會不同。

可以說，三思三定貫穿即興表達的架構。本書的內容強調目的先行，也就是定話題；講述即興表達思維，也就是定觀點；講述即興表達結構，也就是定框架。

掌握三思三定的關鍵在於，要時刻牢記「沒有目的就不要探討內容，目的比內容更重要」。

02

綠燈思維，你會更受歡迎

在上一節的內容，我們談到即興表達的目的。許多人一遇到要即興表達的場合，就會相當緊張，甚至慌亂到不知所云，也無法冷靜運用邏輯思維。之所以會出現這種狀況，是因為表達者在一開始就忽略即興表達的目的。

所以，即興表達時一定要「目的先行」，沒有目的就不要構思內容，否則你會被內容牽絆，你的聽眾也會淹沒在毫無重點的內容之中。要記住，目的永遠比內容還重要，內容只是形式。

與目的先行緊密相關的是綠燈思維與同頻思維，這也是即興表達者必備的兩個關鍵。本節我們將分享第一個關鍵——綠燈思維，幫助你成為更受歡迎的表達者。

一個受歡迎的表達者，一定有兩個特徵。

一是雙贏目標。最受歡迎的表達者，總能在實現自己目標的同時，也兼顧別人的目標。他能找到兩個人目標的交集，實現雙贏。

二是正能量激勵。最受歡迎的表達者，應該是一個善於激勵別人的人。他總能在不經意間，帶你領略到你不曾涉及的光明，以及曾忽略的美好。

雙贏目標和正能量激勵看似簡單，在即興表達的實踐中卻十分不易。相較主題式的演講有固定舞臺、固定時間，以及特定的觀眾聚精會神的看著你，即興表達不僅沒有固定的場所，而且時間很短暫，甚至所在的環境並不利於表達。所以，想在即興表達中快速實現雙贏目標和正能量激勵，關鍵在於你說的每句話。

有句話說：「永遠要把能讓你離目標越來越近的話掛在嘴邊。」聽起來好像有道理，但我們都會渾然不覺的說一些離目標越來越遠的話。有兩個原因造成這種現象。

一是目標缺失。在即興表達前，你是否清楚自己的目標？沒目標，就不會有意識的衡量自己的語言距離目標的遠近。

二是缺乏綠燈思維。一個好的領導者、一個優秀的表達者、一個說話有影響力的人，一定是一個具有綠燈思維的人。

在理解這一個名詞之前，我們先來理解兩個詞——事實和故事情節。

所謂事實，就是當下發生的客觀情況；而故事情節，指的則是每個人對這個事實的演繹。

實際上，在許多場景中，我們所表達的並不是事實，而是我們對事實的演繹。比方說，對於今天的氣溫是攝氏三十三度這一個事實，我們可能會對別人說：「今天天氣很熱。」但這樣的表達只是你對今天氣溫的某種演繹，另外一些人可能將「攝氏三十三度的氣溫」演繹成剛剛好、或是涼爽的感受。可見，每個人對同一個事實的演繹是不同的。

人們所演繹的故事情節又分兩種：當所演繹的故事情節讓我們離目標越來越近，那就是綠燈思維；但如果所演繹的故事情節，讓我們不知不覺離目標越來越遠，便是紅燈思維。

接下來，讓我們透過四個具體的情境，來區別綠燈與紅燈思維。

情境一：針對同一事實的觀點表達

例如，兩個人在交流同一件事：「三年前學習的技術，如今已經過時。」毫無疑問，這是一個事實，雙方正在針對這一個事實各抒己見。但當你想針對這個事實即興表達，需要先思考清楚，你表達的目的是什麼。

你想表達的目的可能是：「希望我們能跟上社會的節奏。」在你開口表達的那瞬間，你的腦子裡就要浮現這一個目的。一旦你有這個目的，就可以繼續思考要如何說話，才能離這個目的越來越近。

但紅燈思維的人通常沒有目的，所以他很可能會不假思索的說出：「社會變化太快了，所以再怎麼學也會被淘汰。」這句話其實會和目的漸行漸遠，和「希望自己可以跟上社會節奏」的目標剛好背道而馳。

而綠燈思維的人卻是目標明確的表達者，所以他很可能會說：「社會變化太快了，所以我們不僅要學習，而且還要學得更快。」透過上述對比，你是否感受到紅燈和綠燈思維的區別？

正如「紅燈停，綠燈行」，紅燈思維會讓你停滯不前，而綠燈思維卻能讓你暢通無阻、直奔目標。

情境二：針對他人做法的觀點表達

再來看一個例子：假設你有一個同事老王，他這個月遲到三次。當你針對這件事想即興發表意見，同樣必須先思考清楚表達的目的是什麼。

假設即興表達的目的是「希望老王未來可以準時，盡量不要遲到」。無論表達的對象是誰，這個目的都不能改變。

此時，具有紅燈思維的人很可能會說：「唉呀！老王的時間觀念越來越差，開會一直都不守時！」但這句話，不僅與目標無關，甚至還會得罪同事。

而具有綠燈思維的人就會說：「老王最近有些改變，可能是我們對他的關注不夠，我覺得我們要多關心他一下。」這句話對於喚起老王的時間觀念是有幫助的。

情境三：針對對方需求的觀點表達

假設你為客戶寫好幾種的方案，每完成一種方案，客戶總會更動和修改。在這一個案例中，客戶的需求隨時在改變，這是一個事實。

當你在開會和同事討論這個事實。紅燈思維的人會隨口說出：「所以嘛，方案不用寫得太完整，說不定明天客戶的需求又改變。」實際上，這句話對方案的改進無濟於事。

但綠燈思維的人卻會先瞄準目標：寫出一種更符合客戶需求的方案。緊接著，針對這個目標，他就會說出截然不同的話：「寫方案之前要深入研究客戶的需求，幫客戶想清楚，這樣我們寫的方案可能會更有效。」

情境四：針對困境難題的觀點表達

比如，你去會計部門核銷發票，但會計部的同事要你在每張發票的背面寫上詳細的用途，否則不給你核銷。這是一件已經發生的事實，你在決定下一步的計畫之前，必須知道自己的目標是什麼。

毋庸置疑，你肯定希望自己的核銷流程可以順利。當你清楚這個目標後，就不會隨口說出低情商的話，像是：「你這樣刁難我，我就不信你以後不用來找我辦事。」這種話非但不能解決事情，還會讓雙方關係變得很緊張，要達成順利報銷的目標就會因此難上加難，這是典型的紅燈思維。

具有綠燈思維的人會如何表達呢？他很可能會說：「看來我以後得養成記帳的習慣，否則這麼突然，還真想不起來每張發票的明細是什麼。」這樣的表達不僅能讓會計部的同事感覺到你對他的認同，也會讓你離目標越來越近。

參考上述這四種情境，你就可以大致判斷出，你平常表達的話語通常是綠燈還是紅燈思維。

一個優秀的即興表達者，本身應該是一個善於領導他人的人，至少在表達的過程中，要能引導對方的思維，做到這一點就必須具備綠燈思維，才能實現表達的目的。

此外，我想提供一個建議給你：以後在每次開會或是討論之後，不妨反思一下，自己或是同事剛才表達的內容，是紅燈還是綠燈思維。如果剛才的發言是紅燈思維，那麼不妨換成綠燈思維的角度，思考該如何改善，讓我們朝目標前近。

總之，一個優秀的即興表達者，一定是具備綠燈思維的人。而具備綠燈思維的前提是：你看到一個現象、一個事實，你必須在一瞬間，反應自己所期望達成的目標是什麼。比如，你有一天在大街上偶遇即興採訪，讓你針對社會的某一個現象發表自己的看法。此時，不要輕易脫口而出，而是要「三思而後言」，考慮清楚你表達的目的，並運用綠燈思維。做到這兩點，就能成為一名受歡迎的即興表達者。

03 多說惹人厭，多聽沒人嫌

在即興表達中，表達和傾聽是相輔相成的。上一節內容中的綠燈思維，會讓大家成為受歡迎的表達者；那麼在這節內容中，我將引入同頻思維，幫助你成為一個深受信賴的傾聽者。

相較於主題式演講——一個人站在臺上誇誇其談的單項式傳播，即興表達則強調表達者與聆聽者之間的雙向互動。因為即興表達可以在任何場合出現，如走廊、餐廳、辦公室、會議室……這些場合並不是一個人的演說場所，而是大家各抒己見的公共表達空間。

你除了準確表達自己的觀點，更重要的是要在別人發表時認真傾聽，讓對方感受到你對他的尊重。只有這樣，對方才會更有的耐心聽你說，更容易去理解、認同你，你才會成為一個更值得對方信賴的人。

正如我們經常聽到的批評：「你說得太多了。」但我們從未聽過一種批評：「你聽得太多了。」因此，學會傾聽，也是即興表達一項重要的技能。

在日常生活中，對於對方所表達的內容，許多人都在聽，卻不會聽，難免聽完依舊一頭霧水，抓不住要領，這是因為他們缺少同頻思維。

所謂同頻思維，就是採用最簡單的理解方式，也就是「共振」。每個人都可以被視為一個磁場，發射不同頻率，而頻率相同的人就會產生共鳴和共振，這就是同頻。

同頻思維主要分為三個層面：身體、理性和感性的傾聽。

一、身體的傾聽

身體的傾聽，關鍵在於有意識且靈活的模仿對方的動作。所謂靈活模仿，就是小幅度的模仿對方的動作。

假設你在和一個人聊天，對方的狀態很放鬆，自然的翹起二郎腿，此時，你如果畢恭畢敬的站在他的面前點頭哈腰，未免不合時宜，也難以融入聊天的氛圍。你不妨坐在他對面，將翹二郎腿的動作縮小，雙腳微微交叉，向對方傳達自身很放鬆的信號。

如果對方又把雙手搭在沙發上，呈現一副「大老闆」的樣子，你不妨將身體微微向後靠，同時把雙手撐開，小幅度的模仿對方的動作，讓對方在不知不覺中，覺得雙方處於同一個頻率。

你可能會很好奇，為什麼要小幅度的模仿對方的動作？對方翹二郎腿，自己也依樣畫葫蘆的翹二郎腿，不是更能體現雙方的同一性嗎？其實不然，直接模仿對方的動作，不僅會帶給人刻意的感覺，甚至會產生反作用。就像象棋開局，對方跳個「炮」，你就跟著跳個「炮」，以制衡對手。當對方翹二郎腿，你也跟著翹二郎腿，會給人一種雙方都在自我保護的感覺。

因此，真正的溝通高手，一定會有意識的觀察，並小幅度的模仿對方的某些動作。對方拿起杯子喝水時，他們也會下意識的拿起杯子喝一口；對方朝門口看了一眼，他們也會順著對方的目光望一下；對方說話停頓，他們也會自然的放慢語速。這種由肢體語言傳達出的相同頻率，正是理性傾聽和感性傾聽的基礎。

二、理性的傾聽

理性傾聽又叫思維傾聽，想要呈現思維上的傾聽，需要掌握一個重要的技巧——回應對方的最後一句話。

需要注意的是，回應對方的最後一句話，並不是鸚鵡學舌，而是在一些特別的時刻，像是對方在說重要的事情，或是說得特別陶醉的時候，見縫插針的回應對方最後一句話。

假設對方跟你說：「今天的天氣真的很涼爽。」你只需要回應一句：「對阿，很涼爽。」一句簡單的回應，就可以呈現出你在思維層面、理性層面上分析他的內容，並讓對方感受到你有認真傾聽，雙方在思想上是處於同一頻率。

另外，如果對方告訴你：「我週末陪孩子去海邊玩了一趟，雖然很熱，但是陪孩子玩還是蠻開心的。」一聽完之後，其實你完全不必評價對方說的內容，你只需要回應一句：「是阿，陪孩子很不容易，卻很幸福。」你只不過是重複最後的半句話，並換一種表達方式重新呈現，雙方就會自然的從肢體上的同頻率，進入思維上的同頻率。

三、感性的傾聽

感性傾聽，也是我們常提到的同理心。對於對方表達的內容，我們需要展現一點點的同理心。

比如，對方告訴你說，他和一位同事因為某件事吵架，同事的誤解讓他覺得相當委屈。此時，你不要自作主張的評論孰是孰非，只需要把對方內心的感受說出來即可，像是：「我覺得你當時一定挺為難的，你也不好處理吧？」

或是像家長經常會遇到孩子摔跤的情況，可能會說：「唉呀！不疼，站起來，勇敢一點！」然而，孩子卻哭得更大聲。你不妨先展現自己的同理心，試著這樣說：「寶貝是不是很痛？要不要爸爸抱抱？」把孩子內心那一刻的想法說出來，會讓孩子覺得原來爸爸是懂他的。而這個「懂」的層面，不僅是思維層面上的「懂」，更是對他感性層面的「懂」，而這也是傾聽的最高境界，會迅速贏得對方的好感。

在你和別人交流的過程中，一旦你對他談論的某個話題比較感興趣，很想深入了解，你不妨說：「剛剛聽你在講那個同事的時候，我能感覺到你有一種由內而外的自豪感。」、「我看你一說到三年前的那件事，就特別激動。」一旦你說完上述的話，對方基本上就會繼續這個話題，深入跟你聊下去。

如果把感性傾聽換個比較專業的說法，就叫「翻譯對方的感受」。這經常被人們忽略，因為從小很多長輩就會忽略孩子的感受，所以我們通常是在被忽略感受的環境下成長。

綜上，真正的傾聽需要做到三個層面：

一是身體的傾聽。你需要小幅度模仿對方的動作，從肢體層面上，向對方傳達出雙方處於同一頻率的信號。

二是理性的傾聽。你可以有意識的複述或模仿對方的最後一句話，從肢體上的同頻，進入思維上的同頻。

三是感性的傾聽。你需要用言語把對方的某種感受表達出來，展現你對對方的同理心，以此進入雙方情感交流上的同頻率。雙方一旦到達表達感受的這個階段，就會拉近心理上的距離，從而使一切表達都能進入更深的層面。哪怕是在親密關係中，比如夫妻之間、親子之間的交流，表達感受依然很重要。

此外，更高層次的傾聽是進入對方的潛意識。當你煩悶時，就喜歡找某個人聊天，因為在你的潛意識中，你認為對方和你是同頻率、是能讓你感到放鬆的人。

掌握上述三個層面的傾聽，可以讓你靈活運用同頻思維，更自信、更有效率的傾聽對方的內容，如同催化劑，讓雙方的關係迅速升溫，讓表達更有效。

04 高手都在學套路，新手總想找捷徑

從業餘的即興表達者，到即興表達高手，有三個必經階段。

一、好奇階段：產生興趣，逐步構建信心

好奇心和信心是開始任何一項學習的前提要件。

如同挑選孩子才藝班的老師，往往不會挑最厲害的，而是要挑最有趣的，因為第一個老師的有趣程度，將決定孩子會不會愛上這門課。

二、孤獨階段：堅持並忍受枯燥的練習

有人曾做過一項統計，一個人能否成為小提琴大師，除了與他練習的時間

長短有關，也與他獨自練習的時間長短相關。只有耐得住寂寞，忍得了枯燥，才能真正靜下心來做好一件事。

三、刻意練習階段：掌握正確方法

美國作家麥爾坎・葛拉威爾（Malcolm Gladwell）在《異數》（*Outliers*）一書中曾提出：「一萬個小時的錘鍊，是從平凡人變成世界級大師的必要條件。」這就是廣為流傳的「一萬小時定律」。

可是，並不是所有人只要付出一萬個小時就能成為高手。如果只是重複機械式的練習，一萬個小時頂多能讓你變成熟練工人。真正的高手，一定是善用方法，進行有目的且刻意的練習，才能實現真正的蛻變。

對應以上三個階段，我提煉出三句即興表達的心法，為你注入一份內在的動力。

第一句：「表達是一門遺憾的藝術。」

為什麼說表達是一門遺憾的藝術？每次即興表達過後，你是不是都會變成「事後諸葛亮」，經常懊惱：「哎呀，剛才我怎麼漏掉這一點呢？」、「剛剛我應該轉折一下，會更巧妙一些。」、「唉，怎麼忘了可以這樣回答他呢？」

比如，吵架也是一種即興表達，每次吵完架，大家可能會在腦海中重播剛剛的畫面，邊回味邊說：「哎呀！這個地方我罵得不夠精闢。」、「唉，這裡我少說一句話。」

其實，這是表達中的常態，我們不需要因為這種事後的遺憾失去信心，更不要在遺憾裡自我懊悔，甚至停滯不前。

實際上，許多人覺得自己不會即興表達，並不是因為缺乏表達的技能，而是在表達的過程中，將自己的不自信透露出來，就算有再好的技巧和詞彙，都會顯得無力。

再優秀的即興表達高手，難免會在表達過後留下遺憾。所以，無須糾結與自責，應該要把這次的遺憾當作下次進步的開始，不斷培養自己的信心，完成高手進階的第一階段。

第二句：「沒有高級的技巧，只有基礎的技能。」

在成為表達高手的路上，要的是扎實，而不是討巧。耐得住孤獨，才配得上掌聲。

我在幫企業上課時，經常問大家一個問題：「業餘選手與職業選手的區別是什麼？」一般會得到幾種答案：「職業就是很厲害，業餘選手就不那麼厲害。」、「職業一般都是專業級的，業餘就只是興趣。」、「職業選手，就是可以用它來養家餬口，業餘選手就是自己圖個開心。」

實際上，職業和業餘的說法，最早源自體育運動。以羽毛球為例，如何區分一個羽毛球選手是專業的還是業餘的？一位羽毛球老將和我分享一個屢試不爽的判斷標準：一個專業的羽毛球選手，無論在球場哪個角落接完球，他的第一個動作都是回到中心；但業餘選手接完球後，只會杵在原地看著下一顆球要落在哪，然後本著兩點之間直線距離最短的原則狂奔而去，不僅打得毫無節奏感，也搞得自己筋疲力盡。

如果你平時也會打羽毛球，看到業餘選手，很可能會覺得似曾相識，這不就是平時的我們嗎？

由此可見，職業選手和業餘選手最大的區別是：職業選手能把最基礎的技能練到爐火純青；而業餘選手往往在技能還不熟練的時候，就急於學習更多高級的技巧。

在即興表達中也是如此。比如，聽到別人一個好的觀點，業餘表達者很可能會透過「照抄」的方式傳播；反觀表達高手，就像職業羽毛球運動員接完球會立即回到中心，他們會先提煉觀點再傳播。提煉觀點，正是即興表達中最基礎的一項技能。

當你把基礎的技能練到熟能生巧，技巧就自然會建立起來。因此，沒有高級的技巧，只有基礎的技能。在你成為表達高手的路上，略感孤獨和寂寞時，希望這句話能讓你更堅定的練好基本功。

第三句：「高手都在學習套路，而新手都在尋找捷徑。」

二〇一六年的暢銷書《刻意練習》（*Peak: Secrets from the New Science of Expertise*，方智出版），總結出一個公式：「刻意練習＝大量的套路＋有意為之＋立即回饋」。同時，這本書還提出一個名詞——心理表徵。作者認為，高手和普通人的區別，在於是否具有足夠的心理表徵。

我們透過一個實驗來理解心理表徵。

讓一位象棋大師和一位新手，一次看完十盤不同的棋局，每一盤都符合基本的棋法，之後再撤掉，然後要求他們還原棋局。結果，大師幾乎都能還原出來，而新手能還原出一、兩盤就很厲害了。

聽到這，你是不是以為大師厲害的地方在記憶力方面？

別急，實驗還有第二步，依然讓他們看十盤棋，但這十盤棋不符合基本的棋法，先亂擺，然後撤掉讓他們還原。結果，大師和新手的成績相差無幾。

這個實驗結果讓許多人跌破眼鏡。原來不是大師的記憶力好，而是他不是一個棋子一個棋子來記，而是用一局一局來記憶。大師的腦海中儲存無數種套路，這些套路在他成為大師的道路上早已熟透，任何棋局的形式，都已經轉化為心中的某一種心理表徵。但是新手，卻是一個棋子一個棋子來記憶。

《刻意練習》這本書改變許多人對於練習的看法。練習並不是單純的重複動作，而是要總結出套路，並針對套路有意為之，然後尋求立即的反饋。

即興表達也是如此。我們羨慕別人某場精彩的演講，但實際上是「外行看熱鬧，內行看門道」。

如果你聽到的是他華麗的遣詞造句、引人入勝的故事，以及拋下偶像包袱時的風趣，那麼你還只是一個表達新手。

一個表達高手聽的一定是整場演講背後的結構，演講者是如何把聽眾的思緒帶入情境，又是如何埋下一個伏筆，到最後像抽絲剝繭般的凸顯主題。

新手的心中，只有每顆棋子；高手的心中，是整盤棋局。這才是新手和高手之間的差別。高手，都在學套路；新手，總想找到捷徑。

總之，從表達新手進階到表達高手，你要經歷三個階段，並牢記三個對應的心法。在每個階段最難熬的時候，它們會成為你支撐下去的信念。

- 好奇階段：「表達是一門遺憾的藝術。」

在學習和練習的過程中，如果碰到困難，要做好心理建設。

- 孤獨階段：「沒有高級的技巧，只有基礎的技能。」

儘管基礎的技能都是簡單的，但一定要練熟，才能讓身體記住技能。

- 刻意練習階段：「高手都在學套路，新手總是想尋找捷徑。」

課後練習比聽課更重要，刻意的練習比純粹的練習更重要。

至此，你已經具備即興表達者的三種關鍵素質，並掌握從表達新手進階到表達高手的三個心法。

三定三思、綠燈思維和同頻思維恰似三角形的三個頂點，構建即興表達者的基本功，為即興表達搭建穩固的框架。而三個心法，則是讓你在即興表達的道路上更堅定方向，為自己注入持之以恆的驅動力，讓自己在即興表達的領域裡快速成長。

第二章

借人、借物、借景，說個好故事

05 觀點，藏在多數人反對的意見

從這節內容開始，我們進入一個新的篇章：即興表達的思維。上節課我們提到，對於別人的觀點，新手可能只會簡單的複述，而表達高手最先想到的卻是提煉觀點。提煉觀點是即興表達中最基礎的思維和技能。學會提煉觀點，可以讓即興表達更精闢、更簡潔。提出獨一無二的觀點，讓觀點不再濫竽充數。

濫竽充數是大家耳熟能詳的貶義成語。但是在實際的工作中，我們經常被迫扮演濫竽充數的角色。比如在部門例會上，大家針對一個新專案發表意見，可是很不湊巧，你最後一個發言。前面的同事已經表達得面面俱到，你很難再找出新觀點。如果這時候你用一些陳腔濫調來充數，不僅沒有加分的作用，甚至還會讓主管留下不好的印象。

可見，提煉並尋找新的觀點是職場上十分重要的一項技能。

在提煉並找到新的觀點之前，必須先探討一個問題：「什麼是觀點？」所謂觀點，可以用兩句話來概括：觀察事物時所處的立場或出發點；從既定利益出發，所形成對事物或問題的看法。

觀點可分為兩類：

一類是真理型觀點。真理型觀點是普通的觀點，類似「太陽每天東升西落」、「在團隊內部，加強溝通很重要」這類廢話——沒有人會不認同，但也不會對聽眾產生影響。

二是思考型觀點。思考型觀點是帶有自己立場和見解的，雖然觀點不一定正確，但是觀點拋出後，卻能引起聽眾的興趣，以便展開討論。典型的例子如「思想碰撞」，正是思考型觀點大顯身手的舞臺。

因此，要放下追求觀點完全正確的觀念。**觀點就是用來質疑和討論的**，這才是它的生命力所在。

那麼在實際的即興表達中，要如何去提煉觀點呢？

一、多立場分析

通常我們提煉一個觀點，常見的做法是從第一人稱的角度出發；而多立場分析，是從不同角色的角度出發。

以「濫竽充數」這一個典故為例：齊宣王使人吹竽，必三百人。南郭處士請為王吹竽，宣王說之，廩食以數百人。宣王死，湣王立，好一一聽之，處士逃。大意是齊宣王喜歡聽交響樂，南郭處士雖然不會吹竽，但依舊能在隊伍裡蒙混過關。後來宣王駕崩，湣王即位，但湣王只喜歡聽獨奏，於是南郭處士只好逃跑。

如果從南郭處士的第一人稱角度分析，沒有真才實學，混得過一時，卻混不過一世，從而提煉出的觀點是「要有真本事，不能濫竽充數」。

但站在君王的角度，可以反思一個問題，之所以有這樣的庸人存在，是因為在群體演奏時，責任是共同承擔的、獎勵是平均的，機制有漏洞才會讓庸人有機可乘。因此，從管理者的角度分析，我們可以提煉出這樣的觀點：「在管理中，要多質疑機制，少質疑人，才能解決根本問題。」

二、逆出發點分析

繼續以濫竽充數為例，我們認同的是這種行為不可取，但假設我們對此做個逆向思考——這個典故有沒有值得學習的地方呢？

仔細分析，不難發現南郭處士善於尋找機會的缺口，無論是加入還是退出，他都能準確判斷，迅速行動。因此，我們可以提煉出一個觀點：「時代總是在變，你不要試圖占據各個階段的紅利，懂得放棄和把握同等重要。」

三、條件假設推理分析

比如，「南郭處士是靠蒙混過關混進去的」是前提，但增加一個新的條件，假設他加入樂隊後十分努力，主動向大師學習，過沒多久他也成為奏樂高手。至此，我們便可以提出一個新的觀點：「成功，有時候是因為能力，但最初可能是因為勇氣。」

可見，增加一個假設條件，整個推理就完全不同。

以上提煉出的每一個觀點並不完全正確，你會不會擔心在發表這樣的觀點後，遭到別人否定或反駁？

正如前文所述，真正有生命力的觀點，是具有討論空間的思考型觀點。如果你的觀點遭到質疑和反駁，就說明它是有價值的。

思考型觀點具有以下五項標準，希望這些標準可以讓你重新看待「觀點」這個詞。

- 好的觀點往往不能立即被認同，更不能被所有人認同。
- 好的觀點通常會挑戰認同的假設。
- 好的觀點，會讓人想多了解一些、多問一點。
- 好的觀點，往往既不愚蠢，也不顯而易見。
- 好的觀點，可以引導出一系列新的問題。

比如，中國節目《羅輯思維》主持人羅振宇曾提出一個觀點：「未來，人們會越來越傾向『U盤化生存』，自帶資訊，隨插即用。」（按：U盤為中國用語，意指隨身碟）針對這一個觀點，到現在依舊有人在抨擊它，但這就是一個觀點的生命力。

總之，**觀點是有立場、有出發點、代表一定利益的**，所以要放下追求觀點完全正確的觀念，不要擔心大家的討論和質疑。

提煉一個獨一無二的觀點，可以運用三種思路：多立場分析、逆出發點分析和條件假設推理分析。當提出觀點後，也可以運用上述五個標準去修訂，讓你的觀點獲得更長久的生命力。

06 套用公式，增添說服力

每一次的即興表達都是具有生命力的，而觀點就是生命力的發源地。有效的即興表達，一定是雙方的觀點碰撞、融合、再生的一個過程。因此，提煉出自己的觀點只是第一步，接下來還要把觀點清晰的傳遞給對方，才能和對方的觀點融合。這就需要運用數學思維，讓你的觀點更容易被對方接受。

在大量的表達實例中，觀點可以簡單按照維度（要素）區分，通常分為一維觀點、二維觀點和多維觀點。

・一維觀點：

所謂一維觀點，就是只包含一個要素的觀點。

比如，「管理者只有具備較強的統籌能力，才不會讓自己身陷瑣事而不能自拔」。這就是典型的一維觀點。一維觀點通常用來表達一個高度概念化的東西，上述句子就可以濃縮成一個概念——統籌。

當然，許多觀點並不是用一個概念就能表達清楚的，而且高度概念化的東西在不同的即興表達場景下，往往會有很多種意思，各有不同解讀。一維觀點通常方向單一、邏輯單一，容易引起誤解。

・二維觀點：

要想精準、有效的傳達觀點，需要運用二維觀點進行更具體的表達。比如，「管理者除了要具有較強的溝通能力，還要具備抽象化的能力，這樣才不會總是陷於繁瑣的事務之中」。這句話就屬於典型的二維觀點，包含溝通和抽象化兩個要素。

實際上，大部分讓人印象深刻的觀點，恰好都是二維觀點，因為二維觀點容易引起對比，也容易造成衝突，且有思考和討論的空間。

・多維觀點：

至於多維觀點，裡面包含三個或三個以上的要素。比如，「管理者不僅要具備溝通和抽象化能力，還要擅長處理人際關係。只有處理好關係，才能有效放大前兩者的效用」。這句話就是多維觀點，包含溝通、抽象化和人際關係三要素。

多維觀點常運用在學術型報告或理論性較強的研究中。

在即興表達中，較多的表達者會呈現二維觀點，因為二維觀點既不會過於單一，也不會造成聽眾理解的困難，更重要的是具有討論和辨證的空間。

在座標軸中，X 軸和 Y 軸代表兩個不同的要素，用它來表現二維觀點再適合不過。簡言之，就是用數軸框架圖來圖像化你的觀點。

比如，在第六十四至六十六頁的三張數軸框架圖中，每張圖都表達了一個二維觀點。

下頁圖 6-1 是經典的時間管理理論，表達的二維觀點是「時間管理要分輕重緩急」。

其中，「重要」是一個要素，「緊急」又是一個要素。透過二維座標軸的展現，可以讓人按照事情的重要程度和緊急程度，決定各項事務的優先處理順序。

左頁圖6-2則是來自《幸福的方法》（*Happier*）一書，如果用一維觀點來解讀這本書，意思就是「生活的重要目標就是幸福」。但是，我們不能從這一套觀點裡，理解什麼是幸福。如果我們要解析什麼是幸福，就得把一維觀點變成二維觀點，甚至是多維觀點。

圖6-1　時間管理要分輕重緩急

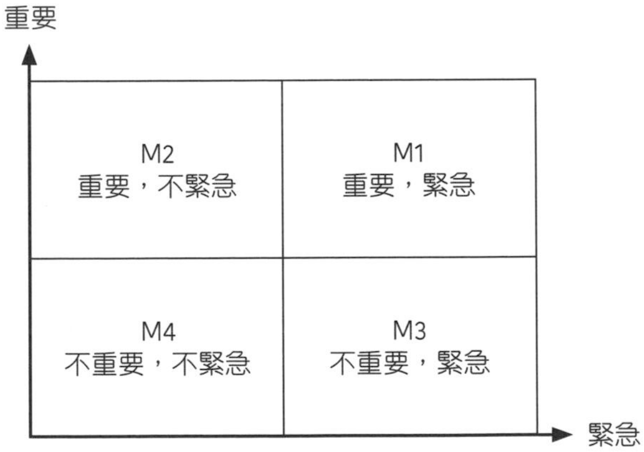

這本書將「幸福」這個概念表達為二維觀點，將幸福分成兩個衡量標準——現在和未來。

在M1中，一個人既懂得享受現在，又會規畫未來，就是「幸福主義」；在M2中，一個人只關注未來規畫，甚至陷入焦慮之中，卻忘記享受當下的快樂，就是「忙碌主義」；在M3中，一個人只懂得當下享樂，卻沒有籌劃未來，就是「享樂主義」；在M4中，如果一個人既不享受現在，也不重視未來，就是「虛無主義」。

當下的享受，會讓一個人覺得快樂；對未來的規畫與想像，會讓人覺

圖6-2　幸福就是享受現在，同時規畫未來

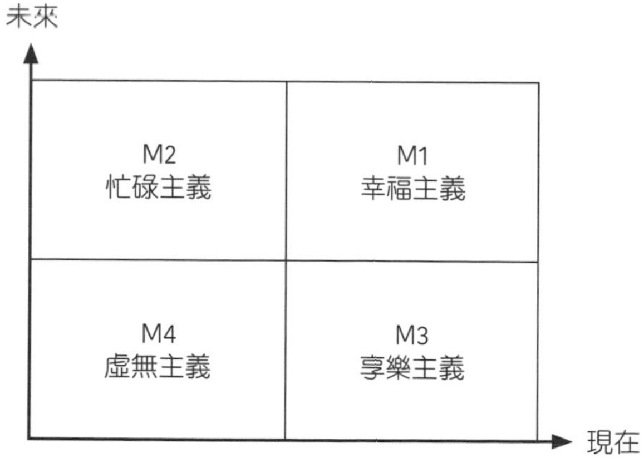

得有意義。人活得既快樂，又有意義，就是幸福。

可見，用一個二維數軸圖，就把「生活重要的目標就是幸福」這一抽象的觀點，闡釋得通俗易懂。

圖6-3，按照「知識」和「思維」兩個要素，將人們大致分成四類。

在M1中，既有豐富的知識，又會運用思維進行分析的是「行動派」；在M2中，擅長思維分析，但知識儲備不足的是「空想派」；在M3中，空有知識，卻不會進行思維分析的是「硬碟派」；在M4中，既沒有知識儲備，也不會思維分析的是「無用派」。這

圖6-3　學習高手知識豐富，又能獨立思考

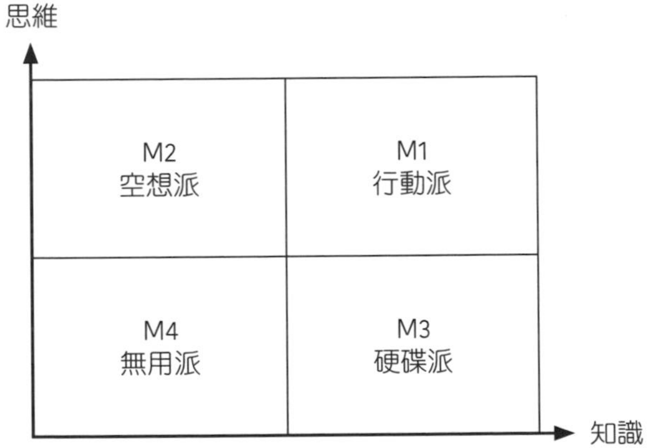

張圖以一目了然的呈現方式，讓大家對號入座，發現自己的長處和短處，查漏補缺，從而進階為「行動派」。

綜上所述，以數軸框架圖呈現二維觀點的方式，在即興表達中可謂屢試不爽。框架圖不僅可以幫助你在創建觀點的過程中，把觀點想得更完整、更深入，而且會讓你的觀點能清晰呈現，幫助聽眾理解和接受。

因此，要盡可能把你的觀點提煉成二維觀點，並以數軸框架圖的形式，讓你的表達更有生命力。

一旦你要表達的觀點包含三個或三個以上的要素，就不要奢望只用語言就能清晰描述各要素間的邏輯順序與主次關係。

表達多維觀點的訣竅是：嘗試用公式來表達。最基本的公式表達就是四則運算——加、減、乘、除。

比如，上文所述關於幸福的二維觀點，也可以用一個公式來表示：幸福＝快樂×意義。

另如，世界著名企業家稻盛和夫在許多場合的演講中，都提到一個著名的公式：人生成就＝思維方式×熱情×能力。並對這三項要素進行分數界定，思維方式是負一百到一百分，熱情和能力是零到一百分。這樣，就可以讓聽眾清楚知道三個要素之間的邏輯順序和主次關係。

又如前文所述的多維觀點：「管理者不僅要具備溝通和抽象化的能力，還要善於處理人際關係。只有處理好關係，才能有效的放大前兩者的效用。」如何將「溝通能力」、「抽象化能力」和「人際關係」這三個要素組成一個公式呢？我將這一個觀點變成：管理能力＝（溝通能力＋抽象化能力）×人際關係。這樣，就清楚呈現人際關係對於溝通和抽象化能力的放大作用。可見，只需運用四則運算的組合，就能輕鬆表達多維要素的複雜關係。

一般來說，當各個要素之間具有正相關性時，就會運用「乘」和「加」；當各個要素之間具有負相關性時，就會運用「減」和「除」，當然「除」一般用得不多。

運用四則運算的組合，你就能簡單表達任何一個邏輯複雜的觀點，梳理出邏輯關係，讓我們對所表達的觀點理解得更深入。

總之，在即興表達輸出觀點時，運用數學思維可以幫助我們釐清思路，清晰呈現觀點。

具體而言，一是運用數軸框架圖，清晰表達二維觀點；二是運用公式表達法，呈現多維觀點中各要素的邏輯順序和主次關係。

07 從當下的感官，借題發揮

在即興表達中，除了提煉及呈現觀點的能力，臨場反應和靈活應變的能力，同樣也很重要。即使你認為自己的反應不夠敏銳也別灰心，因為**靈活應變的能力是可以事先訓練的**。

本節內容將涉及訓練靈活應變能力的兩個關鍵字：「散點聯想」和「借題發揮」。散點聯想又可分為純粹的散點聯想和定向的散點聯想。其中，純粹的散點聯想，正是借題發揮的重要基礎。

純粹的散點聯想，就是將幾個毫不相關的詞語串成一個完整的故事。我們將透過下面三個具體的例子來理解、訓練散點思維。

案例一：

我以前在做培訓時，都會將學員分成五、六個小組，按照慣例，每一個小組都會取一個差不多的組名，如雄鷹隊、戰狼隊、戰無不勝隊等。之後，我便會給大家一分鐘的思考時間，將剛取好的五、六個組名串成一段話，或是一個故事。

每一次出這個題目給大家的時候，我內心都沒什麼把握，不知道取出來的組名，會串成怎樣的故事。但事實上，大家每一次都會發揮想像力，串成一個個精彩有趣的故事。

這樣，學員之間、學員與老師之間就可以透過串組名，來進行即興表達，拉近彼此的距離，迅速打成一片。

案例二：

當你的孩子和社區裡的其他孩子一起玩耍時，也是實踐散點聯想的好時機。此時，你不妨問問小朋友：「你們喜歡什麼動物？」、「喜歡誰？」、「喜歡什麼東西呢？」小朋友會隨機回答：「我喜歡汽車。」、「我喜歡螞蟻。」、「我喜歡爸爸。」、「我喜歡大海。」、「我喜歡可口可樂。」接下來，你就可以出題目：「你們每個人喜歡的東西都不一樣，那你們能不能把每個人喜歡的東西都串起來，講一個故事呢？」

「汽車」、「螞蟻」、「爸爸」、「大海」、「可口可樂」是五個完全不相關的詞語，也就是散點，要把這些散點串成一個畫面或是故事，並不需要按照固定的順序。比如，我們可以串成：「我的爸爸開著一輛像螞蟻一樣的汽車去大海，他邊開車邊喝可口可樂。」這就構成一個畫面，只不過是一個比較簡單、不太新奇的靜態畫面。

如果想要構成一個更有趣的故事，該如何串聯呢？不妨嘗試這樣講述：「有一隻小螞蟻，牠的名字叫可可。有一天，這個叫可可的小螞蟻開著一輛汽車，牠想去尋找牠爸爸經常提到的一個地方。那個地方有大海，大海裡面不是海水，而是可口可樂。所以可可在想：『如果牠能找到這片大海，每天就有喝不完的可口可樂。』」

你看，這樣的畫面是不是會更奇特一些，令人印象深刻？因此，在進行散點聯想時，串成的畫面或故事，應該做到有畫面感、充滿想像力和奇特感。

案例三：

我在讀小學時，圓周率大概能背到一千多位數，我的訣竅是運用奇特聯想法。比如，在 3.14159265358979 3 這串數字當中，「3.14159」就可以透過諧音記成「山頂一寺一壺酒」，腦海中會同時聯想這樣的畫面：一座山頂上有一間寺廟，這間寺廟的門口擺了一壺酒。透過聯想，就可以輕鬆記住 3.14159 這串數字。

又如，針對 3.14159265358 這串數字，「26535」可以透過諧音記成「兩隻鹿在山上跳舞」，這樣你就會在內心建構一個奇幻世界。你可以將原本由枯燥的數字組成的圓周率，變成有趣的畫面，輕鬆背出幾百位當然不在話下。

散點聯想法是不是十分有趣呢？你可以透過下述的三組詞語，繼續展開奇特的聯想：

飲料、天空、足球、可愛、隧道。

馬桶、世界、白紙、飛機、傷心。

杯子、手機、眼鏡、香菸、氣球。

但是上述的散點聯想，只是純粹的散點與純粹的聯想，它會讓你陷入一個奇特的虛構世界。而即興表達存在於現實世界當中，前面我們也曾反覆強調，即興表達最重要的關鍵，就是要清楚自己的目的，目的要先行。

如果在即興表達之中，任憑純粹的散點聯想發展，就會讓你的表達越來越散亂、離主題越來越遠，甚至會忘記即興表達的目的。無論你描述得有多天花亂墜，就算引起聽眾的興趣，也會讓人對你所說的內容感到困惑，這就陷入一個很奇怪的境地。

散點聯想可以鍛鍊你靈活的思維方式，但這種思維方式一旦要實踐，就不能偏離主題和重點。因此，在具體的即興表達場景中，你就需要借題發揮。所謂借題發揮，是指當你在即興表達時，一定會圍繞某個主題，比如借人發揮、借物發揮、借勢發揮、借景發揮等。如果你能迅速將你所要表達的主題，和你當下所見到的人、事、物、景等串連起來，就不用為內容發愁。

情境一：借物發揮

假設即興表達的主題是「家庭幸福」。此時，你看見有一個氣球飄過來，就一把抓住這顆氣球。實際上，氣球與家庭幸福的主題毫無關係，但你可以透過借物發揮的方式，將兩者串為一體。

比如，你可以這樣表達：

一顆氣球之所以可以飛起來，不是因為它的外觀有多漂亮，也不是因為它的形狀和顏色，而是因為氣球裡面的氣體。一個再漂亮的氣球，如果裡面充的不是氫氣，它也飛不起來。

其實，家庭也一樣。一個家庭是否美滿，並不在於房子有多大、車子有多豪華，而在於家庭內部是否有和諧的氣氛。如同一個氣球，它能飛得起來在於裡面的氣體，而不在於氣球的外觀。

所以，家庭幸福應該著重於內部的家庭氛圍。

即使這個關聯不完全貼切，至少可以將「家庭幸福」這個偏抽象的主題，透過「氣球」這個物品具體呈現出來。聽眾會覺得有點道理，覺得表達者還蠻厲害的，可以立刻將兩個看似毫無關聯的事物聯繫起來。這就是借題發揮在即興表達中給人留下的一種印象。

通常我們所要即興表達的主題都是抽象的，最好借助實體的形象加以發揮。比如「如何做好服務」，這時候，你桌上恰好擺著一個音箱、一隻手錶，你是否能立即將「客戶服務」的主題與音箱或手錶產生關聯呢？這就叫散點定向聯想，只有定向的散點，才能起到借題發揮的作用。

情境二：借人發揮

借人發揮，所借之人包括當下環境涉及到的人，以及我們記憶中的名人。借人與借物有差別：借物時，你完全可以憑藉你的才華，對一件事進行任何詮釋，畢竟你在詮釋一個物品時，只需要考慮如何自圓其說就好；借人發揮時，你卻不能擅自對他人做定論，否則多少會帶著批評別人的嫌疑。

為了規避這個風險，在表達的過程當中，我們會慢慢將借人發揮轉化成借事發揮，也就是不從人的角度延伸，而是從他所做的某件事情來發揮。

以上面的「家庭幸福」為例。你可以這樣表達：

有時候，我們總把幸福想得太遠、太抽象。昨天我們部門準備去聚餐，我聽到我的同事小Ａ打電話給他媽媽，只是簡短的一句話：「媽媽，晚上不用等我吃飯，我會和同事聚餐完才回家。」我突然覺得，每天都有人在等你吃飯，不也是一種小確幸嗎？

如果你的同事小A今天也在場，你的這段即興表達會讓他覺得很舒服，因為你沒有過多評論他個人，也沒有為了吸引別人注意而透露他的隱私。

當然，如果你今天要借的人是已故的名人，直接談人倒也無妨，因為大家對名人一般都有定論。但從表達的角度，我不建議你總是借名人發揮，因為難免會變成老生常談。大家更喜歡的表達，是以小見大型，不是以大見大型。

情境三：借勢發揮

「勢」指的是當下的「電影勢」、「股票勢」、「娛樂勢」、「道德勢」、「時政勢」、「創業勢」等。借哪個「勢」，取決於你對它的熟悉度和能耐。

二〇一九年，在大陸特別火紅的電影《哪吒之魔童降世》（**按：中國在二〇一九年上映的3D動畫喜劇電影，未於臺灣上映**），也算其中一種，有無數人從這齣電影領悟人生。

如果我在此出一道題：以「成長」為題，然後借「哪吒」之勢，你能即興發揮一段嗎？

情境四：借景發揮

這裡的「景」，最好是當下的景，否則，很難發揮觸景的即興之意。正因為要借當下的場景，容易讓人覺得很困難，卻能展現即興表達的魅力。

我們一般談到景，首先想到的都是視覺這個感官。正因為我們只局限於這個單一維度，我們才會覺得借景不好發揮。如果把這個維度拓寬一下，從一個維度變成五個維度——眼、耳、鼻、舌、身，對應的就是色、聲、香、味、觸。再通俗一點來說，就是視覺、聽覺、嗅覺、味覺、觸覺。你會不會突然發現，我們可感知、可借景發揮的東西，一下子豐富許多？

以前面提到的「家庭幸福」為例，你今天到一個很普通的會場，從視覺這個維度的景來看，別說發揮了，你甚至覺得連可以借的東西都沒有。但如果換成是嗅覺呢？

剛路過一樓的時候，我突然聞到蔥爆的香味，如果現在能吃上一口媽媽做的菜，對我來說就是幸福的事。

從這件小事展開，就會成為即興表達一段與眾不同的開場。感受一下，你現在在哪裡看書？你身邊的風景是什麼？你現在能聞到什麼？聽到什麼？你坐的椅子是軟的還是硬的？你旁邊的杯子裡面有水嗎？水溫是涼的還是溫的？可見，拓寬一下思維維度，可以感知和借用的東西就會層出不窮。

總之，在日常生活中，我們可以透過純粹的散點聯想，訓練自己的發散思維。但將這種思維運用在實際的即興表達場景中，就需要做定向的散點聯想，將散點定向連接到所表達的主題上，就是借題發揮。找到它們之間的關聯與特質，聯繫在一起，讓即興表達更生動。

08 詞窮？那就舉個例子

本節中，我們將分享擴句成篇法或是擴句成段法，讓你永遠不會擔心詞窮。在小學或國中寫作文時，國文老師都有教過。

在即興表達當中，**擴句成篇這一種思維方式也是很重要的**。正如一棵樹只有枝繁葉茂才會給人賞心悅目的感覺，一段表達只有內容夠充實，才會讓聽眾覺得有收穫。

在即興表達短暫的時間，擴句成篇不僅會讓表達的內容變得有血有肉，也會讓人留下更深刻的印象。

我將分享四種方法，幫助大家鍛鍊擴句成篇的應變能力。

方法一：舉例法

擴句成篇的言下之意，就是結合中心思想，將一句話開展成一段話或一篇文章。所謂舉例法，就是繞著主題，描述幾件具體的事。比如，針對「操場上真熱鬧」這句話要擴句成篇，運用舉例法，可以這樣說：

操場上真熱鬧，有的同學在打球、有的在跳繩、有的在跑步。看，有位小朋友正在和朋友比賽跳繩，她身輕如燕，繩子在她的手上飛快的甩動，旁邊的同學都為她加油。你看，那邊有個男生抱著他心愛的籃球，在操場上進行激烈的球賽，他靈活的躲過對方的阻攔，熟練的把球運到籃框下，手一抬，球就順著一道優美的弧線應聲入網，球場上響起一陣熱烈的掌聲。

聽完這段話，是否勾起你念書時或參加運動會時的回憶呢？所有的例子都圍繞在「操場上真熱鬧」這一個主題，這就叫舉例法。

一個人如果能熟練的運用舉例法，在日常生活的即興表達當中，就會比別人說得更好。

情境一：表揚和讚美時

假設要去讚美一個女生，大部分的人會先注意女生的穿著，情不自禁的稱讚：「妳的衣服真好看。」如果你善用舉例法，就會更注重以某個細節去稱讚女生，而非「妳的衣服真好看」這種籠統的內容。

如果你誇讚女生「妳今天的打扮真好看」，那是否可以運用舉例法，具體舉出一、兩處好看的地方呢？

「妳今天的打扮真好看，這條絲巾讓妳的五官特別立體，真像混血兒。」

「妳今天的打扮真好看，這套衣服完美展現妳的身材。」

哪怕是簡單一點的陳述，都比單純的一句「真好看」能呈現更真誠的表達效果。

又如，主管誇讚員工：「小王，昨天你對客戶的服務特別細心。」在大多數的場景中，我們對對方的表揚大多點到為止，當對方滿懷期待想聽你繼續說點什麼，你卻在此處戛然而止。這時，不妨舉個具體的例子：「小王，你的細心真的讓我刮目相看，昨天那件事情，如果是我，我可能不會想到要在那個關鍵時刻遞一張紙給客戶。」

熟練的運用舉例法，可以讓你的讚美說到對方的心坎裡。

在表揚對方的情境中，盡量以欣賞的態度稱讚對方，但欣賞並非廣泛的表揚。比如，「你很棒」、「你很厲害」、「你昨天的表現不錯」，這些都屬於廣泛的表揚。只有舉出對方期待聽到的例子和細節，才會讓對方有被關注、被欣賞的感覺。

情境二：發表觀點時

在發表觀點時，我們經常陷入乾巴巴的窘境，話說得並沒有問題，只是道理的拼湊和堆砌，聽眾很容易分心。如何解決這個問題呢？**和你分享一個小妙**

招：說出三個字「我記得……」。

平常在課堂上，我都會要求學員隨便說出一個觀點，接著再說：「我記得……」。神奇的是，說完這三個字，學員就會自動為這個觀點套上一個「曾經的」、「聽來的」或是「編的」的例子。

不妨把書闔上，讓這個神奇的方法激發你的大腦。比如，請你來嘗試表達：「每個人的選擇，最終只能由自己負責。我記得……。」

方法二：金字塔思維

想必大家對金字塔思維已經十分熟悉，我們在工作中經常會運用到金字塔思維。所謂金字塔思維，就是表達時先說金字塔頂端的結論，再逐步向下進行金字塔的各個層級，說明支撐結論的各個小論點以及論據（見下頁圖8-1）。

情境一：即興演講

假設即興演講的標題是「人生處處是考場」，最適合的方法是利用金字塔思維來擴句成篇，找出幾個論點。可以進行這些表達：

人生處處是考場。（結論）

在家庭中，你的父母、配偶就是你最直接的考官。（論點一）

在職場中，主管每天都在對你進行無聲的觀察。（論點二）

在社交場合中，哪怕你參加的只是一個朋友的小聚會，你的表現也會在別人心中留下印象分數。（論點三）

因此，人生處處是考場。甚至人生的考場比學生時期的更嚴

圖8-1　金字塔思維

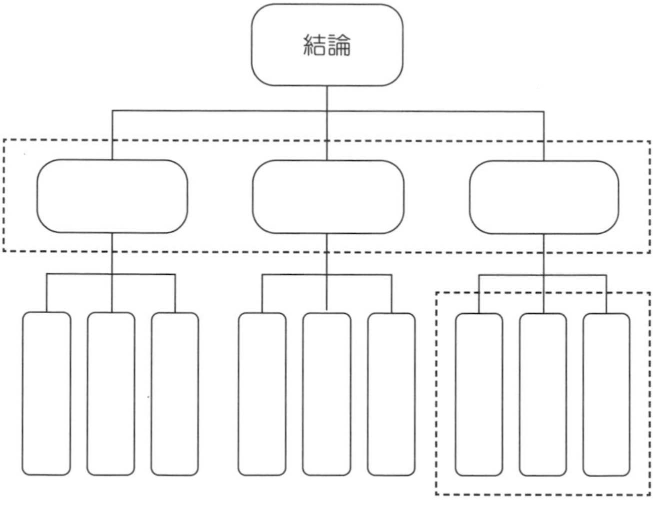

格，因為學生考場上的考官是大家看得見的，但人生中的考官卻是無處不在。（總結陳述）

可見，只要找出關鍵性的論點，去證明結論的成立，就可以用簡潔的話論證你的核心觀點，讓聽眾留下深刻的印象。

情境二：會議發言

會議中，主管讓你針對某個專案的進度做總結。可以對比一下這兩段的表達方式。

第一段：

這個項目我們花費很多精力，目前進展比較順利，但也有一些小麻煩，不過進度基本上不會有問題。麻煩主要是一種特殊材料的供應出問題，我們沒有諮詢專業人士，以為可以用其他材料替代，沒想到最後成型的時候有問題。但現在已經協調好了，要特別感謝行銷部幫我們出面協調，後來又從其他供應商那裡調來備貨，我們的供應商也不錯，積極回應解決。目前進度上延遲一週左右，不過我已經和產品部門達成共識，我們會在接下來的一個月趕上這個進度。接下來，我還會召開一個供應商會議，建立完整的備份資料。

第二段：

這個專案會如期完成，雖然目前進度落後，但問題已經解決。透過解決這次材料臨時短缺的問題，也帶給自己一些反思：第一是專業的問題一定要多請教專家，不能想怎麼做就怎麼做；第二是不同部門之間的資訊一定要公開透明，這樣才有最好的效率；第三是同一種材料，我們最好準備兩個供應商。針對第三點，下週我會再開一次供應商會議。

其實第一段的表達沒有錯，但作為聽眾，理解第一段，我們需要耗費更多的精力，表達要考慮如何幫聽眾減少理解的負擔。「表」是過程，「達」才是結果，要讓「達」這一個結果更容易實現。

方法三：重新定義法

在日常表達中，大家都喜歡說話有深度、觀點新穎的人。做到說話有深度其實不是一件難事，只要掌握一個技巧——重新定義法。重新定義法具體分為兩種。

一種是重新定義關鍵字。讓雙方在溝通之前，先對某個概念達成共識，而且這個共識能有別於常見的共識。

第二種是重新定義規則。從討論「對錯」的跑道，換到討論「動機」的跑道。比如，本來大家在討論一個觀點的對錯，有人突然說：「我覺得這個觀點的對錯並不重要。重要的是，我們要清楚這個觀點產生的動機是什麼。」

情境一：發表見解時

我們在和朋友聊天時，經常會針對某個問題表達個人觀點。想讓自己的觀點令人印象深刻，不妨試試重新定義法。

比如，針對「不要讓孩子輸在起跑線上」這一個觀點，如果運用重新定義法（同時對規則和關鍵字重新定義），可以這樣表達：

剛剛大家都在討論「不要讓孩子輸在起跑線上」這個話題，我覺得這句話的對錯並不重要。重要的是，不知道大家對起跑線的定義是否一致？有人把起跑線理解成是孩子的能力，所以總用這句話對付孩子，今天要求他學這個、明天要求他學那個，而作為父母的自己，卻不怎麼長進。

我覺得孩子的起跑線就是父母。所以我想，以後我們能不能多用這句話來要求一下自己：為了不讓孩子輸在起跑線上，我們應該多看點書、多爭取一些機會。一位有見識的父母，也許更能培養一位有見識的孩子。

以上這段發言，也許並非真理，但觀點的可辯性，才是觀點的生命力。

在上面這段話中，我們重新定義規則：不是討論對錯，而是討論對於「起跑線」這一個詞語的理解；其次，重新定義關鍵字，父母才是孩子的起跑線。

又如，你和朋友談起一句話，「學會和孤獨相處，也是一種智慧」。這句話包含以下幾個詞語：孤獨、相處、智慧。實際上，你只需要對這三個關鍵字重新定義，就能給別人留下深刻的印象。你可以這樣表達：

學會和孤獨相處，也是一種智慧。

大部分的人其實不太喜歡孤獨，總會排斥孤單的感覺。因此，如何與孤獨相處，其實是每個人的必修課。

孤獨是什麼？孤獨是每一個人都會有的一種體驗，即使你經歷過萬眾矚目的時刻、即使你功成名就，但在夜深人靜或是某個不為人知的時刻，難免會感受到孤獨感。

那真正的智慧是什麼呢？真正的智慧是學會向內看，而非局限於嘈雜的外界。當你學會與孤獨相處的時候，其實你就比別人獲得更多向內看的機會，這就是為什麼我會說學會與孤獨相處也是一種智慧。

在上面這段話當中，以個人的角度，重新定義「孤獨」、「智慧」這些詞，這會讓別人覺得你的思考是有深度的。

情境二：規避不必要的風險

舉個例子，「是否支持女性自行決定要不要墮胎的權利」，在美國一直都是熱門的議題，幾乎所有政治人物都被要求表態，無論支持哪一方，都會失去另一邊的選票。如果你想回應大眾，又不想得罪立場不同的選民，就需要重新定義的思維。

像是有一位議員草擬一份「回答墮胎問題的通用信函」，無論是誰問，這封信幾乎都可以通用，而且不會得罪任何人。這封信是這樣表述的：

關於是否支持墮胎，我的立場是：如果你所謂的墮胎，是指謀殺毫無自我防衛能力的人、是剝奪最年幼公民的權利、是鼓勵年輕人之間亂來，那麼，請相信我，我會義無反顧的反對墮胎。

然而，如果你所謂的墮胎，是指尊重婦女的選擇權、是使我們的年輕人有一個改過自新的機會，更重要的是，給予所有公民按照自己良知採取行動的權利，那麼我向你保證，我會堅決捍衛這些權利。

事實上，最後大多數的選民都覺得這才是理性的態度。

重新定義不是純粹的耍嘴皮子，而是充分且全面性的表達自己的觀點。

方法四：對比法

對比法往往會帶給別人更強的衝突感。

情境一：簡短的聊天場景

比如，你想向朋友表達「金錢有時候會成為罪惡的幫凶」這一個觀點，但這句話多少會引起大家的分歧和誤解，會覺得你厭惡金錢，但這並不是你表達的本意。

為了消除簡短聊天場景中的歧義和誤解，不妨嘗試對比法，**運用「我並不是要跟你說……」這一個句型，讓前後兩句話形成鮮明的對比，顯現你真正想表達的含義**，你可以這樣表達：

金錢有時候會成為罪惡的幫凶，我並不是要跟你說金錢是罪惡的，因為沒有錢萬萬不能，所以我從來沒說金錢本身就是罪惡，我只是說它有可能成為罪惡的幫凶。

此外，我也不是說要討厭金錢，不僅不能討厭錢，還要學會尊重錢。我只是想說，如果一個人的動機有問題，那麼錢越多，往往會讓他在錯誤的道路上走得越遠，這才是我要談的重點，所以金錢有時候會成為罪惡的幫凶。

在這段一分鐘的表述中，我提出一個觀點，再提出另外兩個意思相反的觀點來進行對比，讓我的立場更鮮明，完美消除分歧。

情境二：處理衝突的場景

比如，你作為一個部門主管，發現員工小王上週遲到三次。如果直接對小王興師問罪，很可能會引起雙方的衝突，此時你不妨運用對比法，以更和善、更委婉的方式和小王溝通。你可以這樣對小王說：

小王，我想針對上一週你遲到三次這件事情跟你聊聊。當然我不是想追究責任，也不是想讓你難堪，只是想問問我可以做點什麼來幫你改善這件事。

運用「我不是……也不是……」這個句型，就可以消除對方反抗的情緒，建立雙方的信任感和安全感，對方對你接下來所說的話也會比較聽得進去。

綜上所述，想要在即興表達時擴句成篇，可以運用四種方法。

第一是舉例法，在日常的對話中，人們更喜歡聽到一些細節，因此不妨利用舉例法，為表達增添更多形象生動的細節；第二是金字塔法，也就是在提出結論之後，列舉一些例子來支撐它，讓人更信服；第三是重新定義法，當你表達出一個觀點之後，可以對觀點中的某個關鍵詞提出自己的解釋，讓對方感受到你的思考是經過驗證，而且是有深度的；第四是對比法，運用「我的觀點是……當然我不是……也不是……」這個句型消除歧義，鎖定核心觀點。

只要你在日常的表達中，有意識的訓練這四種方法，你很容易就能掌握擴句成篇的技巧。之後，你還可以去做進階性的練習——擴句成故事。

具體做法是，你可以找一篇有故事性的文章，先看它的第一段話，看完這段話之後就不要繼續往下看。

然後，自己想一想：「如果接在第一段話後面，接下來我會如何講這個故事？我會怎麼設計這個故事？我會怎麼安排這個故事？」你甚至不需要講也不需要寫，只需要在頭腦裡面想像一遍就可以了。

想完之後，再來比對原文，思考幾個問題：

- 對方是如何講這個故事？
- 我所設想的故事跟對方的故事有什麼區別嗎？

- 對方的故事好在哪？有什麼吸引人之處？

這種方法也能鍛鍊你強大的故事設計能力。

09

說一些跟他以為的不一樣的事

在日常的即興表達中，每個人都希望自己的表達令人印象深刻，成為獨一無二的談話對象。

按照以往的經驗，在成年人之間的交流中，最容易讓人印象深刻的，通常是故事的衝突點。因此，一個故事當中一定要有衝突，像是行為、價值觀、觀點上的衝突等，最後還要有某些人因為這個衝突發生轉變。沒有衝突的故事，充其量只是一件平鋪直敘的事件而已。

比如，大家喜歡看電影，正是因為劇情有衝突、有轉變。試著想像一個沒有故事的電影，只是按照時間發展的順序進行，就不能稱之為電影，充其量只是一段影片，而影片和電影本質上是有差別的。

因此，在短暫的即興表達中，如果你希望成為別人心中那個獨一無二的表達者，能讓別人留下深刻的印象，你就要運用逆向思維。

所謂逆向思維，就是提出與當下的主流思想部分或完全相反的觀點。

在職場中，我們經常會聽到「員工要懂得感恩」這種論調。因為企業提供平臺、因為老闆創造機會，所以作為員工，要學會感恩企業、感恩老闆。

前陣子，我看到一篇點閱數超過十萬的文章，它的核心觀點是：「老闆要感恩員工。不要覺得你是一家企業的老闆，這個企業要是沒有員工，你什麼也不是。平臺成就員工，員工也成就平臺，最終才成就老闆。」

觀點並沒有對錯，這兩個完全不同的觀點，可能得到不同人的認可，這從超過十萬的點擊量就可以看出來。

逆向思維，帶來的不僅是看待事物的不同角度，更會讓人擁有更廣闊的想像空間。

實際上，當你提出相反觀點的那一刻，無須驗證觀點的對錯，就已經讓別人留下深刻的印象，讓別人期待下回超乎想像的想法。

看似高級的逆向思維，其實運用起來十分簡單，就是當別人都在對某個觀點表示認同和支持的時候，你不妨多加思考：「這個觀點是否有不對的地方呢？其中藏著哪些隱患呢？」反之亦然，當別人都在反對或對抗某觀點，你也不妨考慮一下：「這一個觀點有哪些地方值得我們學習的呢？」

逆向思維具體可以分為兩種。

第一種：完全逆向思維

一般來說，完全逆向思維就是把「好的」說成「不好的」、「不好的」說成「好的」、「推薦的」說成「不推薦的」等。

比如，你和同一小組的同事正在討論一個計畫，其中有個同事提出：「大家現在這樣的討論，無疑是『紙上談兵』，對專案的推動並沒有太大的作用。最重要的是去實踐，去『沙場點兵』！」紙上談兵被大家習慣性認為是一個負面、應該避免的行為。難道小組中大家司空見慣的項目討論只是紙上談兵，並沒有多少實際的意義？

在這種情形當中，大家是否能啟動逆向思維，想一想紙上談兵有哪些好處，來說服這位同事？針對「紙上談兵」這一個話題，可以來一段簡短的即興演講：

各位，我覺得紙上談兵其實也是有好處的，一個人要先學會紙上談兵，才能到沙場點兵。（拋出逆向思維的觀點）

為什麼紙上談兵也是有好處的呢？因為紙上談兵讓我們學會分析，讓我們不必以嘗試犯錯的成本替代分析。如果不做分析，直接上戰場，代價很可能是我們所想不到、甚至是我們無力承受的。

所以一個管理者、一個策劃者，一定要先學會紙上談兵、仔細計畫，以最小的成本和代價發現錯誤、糾正錯誤、規避錯誤，然後再去沙場點兵。

我的建議是，大家不要討厭紙上談兵，不要覺得它是個貶義詞，我們甚至要有意識的培養自己紙上談兵的能力！（證明觀點的成立）

可見，運用逆向思維，以一個簡短的發言就可以更全面的看待某一個觀點、解決某一個問題。

第二種：顛倒順序的逆向思維

比如，大家都聽過「選擇大於努力」這句話，顛倒一下前後順序，就變成「努力大於選擇」。如果你講大家耳熟能詳的句子，卻表達相反的意思，自然會讓聽眾產生耳目一新的感覺。

在展現「努力大於選擇」這一個觀點之後，就要同時運用之前所講的舉例法、金字塔法、重新定義法、對比法來擴句成篇，有理、有據、有邏輯的證明這套觀點。比如，你可以這樣表達：

我想和大家分享一個觀點，「努力大於選擇」。當然，我並不是想告訴別人不用選擇，也不是想告訴別人努力可以決定一切。（對比法，排除歧義）

比如，一個人大學剛畢業的新鮮人，前兩、三年會覺得選擇大於努力，因為這時候的他，對各個行業都不了解，需要累積一些經歷才能做出最好的選擇。因此，在大學畢業前兩、三年，的確是選擇大於努力，選擇一個好公司、好主管、好職業，會對人生產生重大的影響，能少走彎路。

可是一個人如果畢業五年、十年，依然相信選擇大於努力，那麼他這輩子很可能永遠會忙於選擇，卻沒有為選擇付出努力，最終很可能一事無成。

所以，這件事情要分時間而定。我認為一個人畢業後的前兩、三年，選擇大於努力是對的，但當一個人畢業五年、十年之後，我想他更應該相信努力大於選擇。（金字塔法，分論點證明結論）

在以上這段表達中，在證明你的觀點時，並不需要讓別人完全信服，而是要讓聽眾感受到，你所提出的這種可能性是存在的。這也會令人印象深刻，引起對方進一步思考。

逆向思維具體有兩種，第一種是完全逆向思維，可以為對方帶來顛覆性的思想體驗；第二種是顛倒順序的逆向思維，可以在原有的角度之外，找到令人意想不到的角度。只要針對日常的即興表達練習這兩種逆向思維，就會產生許多有趣的觀點和想法。因為這個方法大部分的人都沒有想過，在以往的可能性之外，會產生出其不意的表達效果。

此外，在運用逆向思維時，需要注意宗教或政治的禁忌。在信徒面前，表達任何與宗教精神相互抵觸的事情會冒犯對方。同樣的，政治關係到國家和社會的安定，所以與當前政治方針相左的觀點也需要避免。因此，凡是涉及宗教或政治，都要謹慎運用逆向思維。

總之，逆向思維並不是要你為反對而反對，而是要去發現一些新觀點和新角度。記住，逆向思維只是手段，手段的運用要看目標是什麼。逆向思維可以幫助你實現表達的目標。如果你只是想運用逆向思維展現自己的與眾不同，便是誤入逆向思維的歧途。因為，真正的溝通表達高手，不會讓自己成為一個事事與別人針鋒相對的人。

至此，即興表達的思維已全部講述完畢，分別是觀點提煉、數學思維、散點聯想、擴句成篇、逆向思維。也許你覺得自己對這些思維瞭若指掌，想要運用在日常的即興表達中，但要想真正掌握這些思維，平時有意識的訓練是必不可少的。磨刀不誤砍柴工，相信經過反覆練習，你很快就可以將這五種思維化為己用，運用得遊刃有餘。

第三章

高手都在用的套路，從此不怯場

⑩ 下標，聽眾對內容就有興趣

在大家的既定印象中，正式演講才會有標題，即興表達不過是興之所至，哪需要標題呢？

其實不然。可以換一種角度思考這個問題：當大家普遍認為即興表達不需要標題時，如果你能反其道而行，是不是就能讓大家眼睛一亮，成功吸引聽眾的注意力呢？

比如，在一次會議上，大家都踴躍發言。甲說：「針對這件事，讓我來談一談吧。」乙說：「接下來，我來說個幾句吧。」如果輪到你時，你是以這樣的方式開場：「針對這件事，我想談一個名詞。」這個詞語就是你即興表達的標題，再藉由這個名詞開展話題，是不是瞬間帶來耳目一新的感覺？

我在前言中有和大家分享我的面試經歷，我當場抽到的即興演講題目是「四」。在一分鐘的準備時間，我先思考過，如何將數字四變成一個主題。當即興演講開始，我先說：「今天我演講的主題是『天助自助者』。」

當時，所有面試官都很驚訝：「數字四和天助自助者有什麼關係呢？」我說：「提到數字四，許多人都不喜歡，因為它與『死』是諧音，被認為是不吉利的數字。但也有一些人會把數字四翻成音樂中的『fa』，與漢字『發』是諧音，就會對四這個數字充滿好感。相比將四翻成『死』的人，翻成『發』的人顯然更具有樂觀精神。所以，你要先學會樂觀、先學會自助，老天才會幫助這些自助者。天助自助者！」

可見，當別人覺得即興表達不需要標題，你卻為即興表達賦予一個標題，就會引起大家的注意力和興趣。

從小到大，無論是寫作文還是演講，最令人頭疼的事，莫過於取一個吸引人的標題。但在即興表達中，下標題這件事是有技巧可循的，這裡分享三種下標的技巧。

技巧一：數字法

比如，針對「一個人如何進行創新型思考」這個即興話題，我分享的主題是「三胡一無」，也就是胡說八道、胡思亂想、胡言亂語以及無中生有。像這樣把你想講的主題用數字概括出來，就叫數字法。

技巧二：諧音法

例如，針對「勝者為王」這個成語，可利用「勝」的諧音，轉變為「剩者為王」的主題，可以這樣表達：「『勝者為王』這個詞，大家肯定不陌生，但我要和大家分享的主題『剩者為王』，不是勝利的『勝』，而是剩餘的『剩』，只有最後剩下來、堅持到最後的人才可能成為王。」透過諧音法的主題轉換，會帶給聽眾新鮮感，不用煩惱抓不住聽眾的注意力。

技巧三：對比法

比如，針對「自律才是最大的自由」這個主題，「自律」和「自由」是對比；或是像「利他才是最好的利己」這個主題，「利他」和「利己」就形成對比；又如，主題「其實嚴肅也是一種愛」，就是把「嚴肅」和「愛」以對比的方式串聯。對比法，會在標題內部形成一種張力，更容易抓住聽眾的注意力。

俗話說：「題好一半成。」確定即興表達的標題後，就要醞釀一下如何開場。精彩的開場也需要一定的策略和技巧，這裡分成四種開場方式。

方式一：以講述一個小故事來開場

比如，以「永遠不要和客戶爭辯」這個標題，引導出一個關於銷售人員和客戶之間爭辯的故事；或者，以「真正讓我們疲憊的不是遙遠的路途，而是鞋子裡面的一粒沙」作為開場，分享一個旅行者長途跋涉的故事。這些都是以某個小故事開場，因為人們喜歡聽故事，天生對故事好奇。

方式二：以展示某個物品來開場

比如，你以下面的內容開場：「你們肯定很好奇，我今天為什麼帶一支舊手機，這是我的第一支手機。」配合語言，接著展示這支手機。這樣以展示某個物品開場的方式，能夠迅速抓住觀眾的眼球，引起興趣，在簡短的即興表達開場中特別適用。

方式三：以提問作為開場

比如，典型的以提問開場：「今天在座的人，如果你是總經理，請問你最想做的一件事是什麼呢？」或者「如果今天在座的人都是服務人員，你最想對客戶說的一句話是什麼？」結合你要闡述的主題和內容，拋出一個最容易讓大家關注的問題，引起聽眾的思考和興趣，這就是以提問開場。

方式四：以共同利益開場

在《鋼鐵墳墓》（*Escape Plan*）這部電影中，席維斯・史特龍（Sylvester Stallone）扮演一個越獄高手，他在監獄裡第一次碰見阿諾・史瓦辛格（Arnold Schwarzenegger）時說：「你肯定很想逃出去吧！」對於被關在監獄裡面的人來說，所有人的共同利益就是逃出監獄。因此，陌生人只要擺出雙方之間的共同利益，就會瞬間站在同一個立場、目標奔向同一個方向。

當一個囚犯想要說動另一個囚犯，一起實現越獄的目標時，最有效的開場就是「我能幫你逃出去」。這一個共同的利益，一定可以刺激到每一個身陷囹圄的囚犯。

在確定標題和開場的同時，你也需要獲得對方的注意力。

如果在即興表達的場景中，有一個特定的舞臺，那麼建議每一個人上臺之後，不要急著講話，而是停留幾秒鐘，環視一下周圍、調整一下呼吸。從這裡營造出幾秒鐘的安靜時間，就足以吸引大家的注意力，這比一上來就開口講話效果更好。

但在大多數的即興表達場景中，是沒有固定舞臺的，像是在會議上、在走廊碰到同事，此時你不妨以問句來獲得對方的注意力。常使用的話術有：「我想談談一個想法，不知道你有沒有時間？」當提出問題後，對方的注意力就會被你吸引。

需要注意的是，獲取對方的注意力需要直接進入主題，切記不可以說廢話。比如，有一個人開場時說：「我昨晚想了很久，今天要說點什麼呢？本來我不想說，但後來想想有些東西還是得說。」這種就是典型的廢話，不僅會讓對方覺得很囉嗦，還會讓對方反感，更難引起對方的注意。這裡再列舉一些負面的例子：「有些話我不知道該不該說。」、「我這個人說話比較直。」、「我這個人說話比較容易得罪人。」、「我本來不想說的，但既然你們讓我說，那我就說吧。」

以上這些，都是即興表達中毫無用處的話，務必避免。即興表達與主題演講截然不同的地方是，在短暫的時間中，不要浪費每一個吸引注意力的點。

綜上所述，在即興表達中，出其不意的提煉一個標題，加上精彩的開場，會讓聽眾留下良好的第一印象，充分獲取聽眾的注意力，做到「完美的開頭是成功的一半」。

⑪ 說話老是沒重點？因為少了結構

前英國首相邱吉爾（Winston Churchill）曾調侃那些說話沒重點的人：「開口之前，他們就已經不知道自己要講什麼，講的時候也不知道自己在說什麼，坐下來的時候更不知道自己剛剛講了些什麼。」缺乏表達結構的概念，會讓你在開口前，沒辦法把握內容的主體，在你講完之後回顧時，也很難找到重點。

可見，即興表達的結構十分重要。在此，我將介紹三種常見的邏輯表達結構：第一是問題討論型、第二是演講發表型、第三是重要場合型的表達結構。

本節，我們會先介紹問題討論型的表達結構。

我們每天都會基於某一個現象發表自己的看法，也會參與各式各樣的問題討論。

先來看一個案例：有一對才剛開始同居的男女朋友，女朋友特別勤勞，下班一有時間就會回家做飯。這原本是一件幸福的事，但兩人之間卻出現矛盾：有時候女孩準備好飯菜，男朋友卻突然說不回家吃飯，甚至有時連不回家吃飯都沒說，導致女孩時常要獨自面對一堆剩菜剩飯，不僅喪失做飯的成就感，心情也很糟糕。

他們之間的對話通常是這樣。男朋友回家之後，女朋友就說：「你不回家也不說一聲，又剩下一堆菜，真浪費。」面對女朋友的抱怨，男朋友就回答：「我也不想這樣啊！主管突然請我們大家吃飯，我也不能不去。」於是女朋友又說了一句話：「每次你都有理由！」

針對女朋友的抱怨，如果男朋友換一種方式回應，結果又會怎麼樣呢？

假設男朋友這樣回答：「對不起，我忘記提前說了。快下班的時候，主管突然說要請我們吃飯，當時我手上還有一堆工作，所以我就抓緊時間處理，所以忘記跟妳說。沒關係，那些剩菜剩飯我來收拾，明天我剛好可以帶到公司當午餐。最近事情比較多，還是，妳下次要下廚之前能不能問我一下，以防我有事忘記跟你說？」

對比男朋友的兩種回答，大家會更喜歡哪一種呢？想必大部分的人都會選第二種。

仔細分析一下，可以發現第二種回答背後有一個簡單明瞭的結構：問題—原因—解決方案。如果遵循這一個結構進行表達，具體可分為三個步驟：第一步，將問題闡述一遍，明確界定責任；第二步，分析問題的根源；第三步，給予解決方案。

這三個步驟你會覺得既熟悉又簡單，但在運用這一個結構進行表達的過程中，還是存在一些容易被忽視的問題，大家要盡量避免。

在第一個步驟「問題」當中，最重要的是正視問題，而不是為自己辯解。在前面的例子當中，男朋友說出：「我也不想這樣啊！」就是典型的為自己辯解，會使雙方瞬間沒有安全感，進入相互戒備的狀態。

再來看第二個步驟「原因」，永遠不要擺出一副很無辜的樣子。針對女朋友的抱怨，男朋友說：「主管突然請我們大家吃飯，我也不能不去。」這句話就呈現出男朋友無辜且無能為力的狀態。這種說法只會讓你離目標越來越遠，屬於典型的紅燈思維，甚至根本不能引起對方的同理心。因為在任何情況下，總有一部分是你力所能及的。

最後再來說第三個步驟「解決方案」。解決方案切記不可超過三項，而且最好是說出就立刻可以做到的，這樣會讓對方覺得他的問題有被重視。在上述的案例中，男朋友說：「那些剩菜剩飯我來收拾，明天我剛好可以帶到公司當午餐。」這件事是男朋友立即就能付諸的行動，會讓女朋友覺得自己被重視、被關心，兩人間的問題也就迎刃而解。

以上，就是「問題—原因—解決方案」這一個表達結構的要點。

我們再來看一個案例。假設有一天你在電梯裡遇到主管，主管突然問你：「早上開會的時候，我發現你上個月的工作進度落後不少。」儘管搭乘電梯的時間十分短暫，你依舊可以利用「問題—原因—解決方案」這一個表達結構，邏輯清晰的應對主管。你可以這樣回答：

是的，上個月的工作進度我確實落後了。（陳述問題）

我反省了一下，發現我有時候對緊急的事情處理不夠從容。上個月主要是因為我的房東臨時說要把房屋收走，一定要在一週之內搬出去，這件事情讓我措手不及。所以我花費很多時間重新找房子，導致我沒有合理安排好時間，確實打亂上個月的工作計畫。（分析原因）

我今天會把可能會影響其他同事工作進度的事情優先處理好，然後結合我的季度目標以及上個月的目標缺口，重新做一個工作計畫。主管，如果週五你方便的話，到時候我再把這個計畫拿給你過目一下，你覺得如何？（提出解決方案）

在上述的回答中，真正做到三點：第一是陳述問題而不辯解；第二是分析原因時，在無能為力的背後，點出自己力所能及的部分；第三是提出解決方案時，至少提出一項自己立即可以付諸實踐的措施。

主管從這樣的回答中，可以看出員工有反省、有分析能力，並做出相應的對策，這樣他就不可能為難你，甚至可能因為這段交流更信任你。

可見，問題和錯誤並不可怕，只要你活用「問題—原因—解決方案」這個表達結構，將問題和錯誤進行適當的處理，就能藉此獲得別人更多的信任。

最後，我留一道思考題給大家。假設有一天你走在路邊，突然遇到即興採訪：「你對離婚率越來越高這件事怎麼看呢？」在兩、三分鐘的採訪時間裡，你運用「問題—原因—解決方案」這個結構，要如何完美回答呢？

⑫ 呼籲的話要放結尾，聽眾會被說服

提起發表演講，大家很容易把它與傳統的主題演講聯繫起來，以為兩者都有完整的主題、令人矚目的舞臺以及臺下熱情的觀眾。但實際上，在日常工作和生活的大多數場景中，演講的發表並不具備這些要素。

更多的是，我們會在一些非正式場合，針對一些臨時的問題，進行演講發表型的即興表達。

比如，在同事面前發表、向主管彙報某個專案的進展、在孩子的幼稚園畢業典禮上講話，這都屬於演講發表型的即興表達。

無論演講發表的舞臺是否正式，相信你在掌握演講發表型的表達結構後，都可以應對自如。

演講發表型的表達結構為：鉤子—要點—論證結構體—呼籲行動。

鉤子，即用一句話讓對方對你接下來的表達充滿期待，把人們的注意力吸引過來。

要點，即用一句話概括你接下來所表達內容的要點，言簡意賅。論證結構體，即舉例論證上述要點的正確性，需要注意的是，**例子不要超過三個**。

呼籲行動，即用一句話發出邀請，請對方參與。

下面，我們將透過幾個情境來幫助你掌握此表達結構的具體應用。

情境一：演講動員

假設你是某一個團隊的主管，今天你團隊中的幾名成員要去客戶的公司做一次十分重要的產品演示。在成員出發之前，你想鼓舞他們的士氣，該如何進行表達呢？

運用演講發表型的結構，你不妨這樣說：

我非常期待看到你們這一次的表現。（鉤子）

這是我們與這個客戶建立關係的絕佳機會，也是建立行業影響力的機會。（要點）

這一次他們總經理會在，而且據我了解，他會全程參與整個會議。同時，這次會議還邀請了他們的供應商和關係企業一起參加。（論證結構體）

所以我希望這一次我們同心協力，幫產品拿下市場。（呼籲行動）

儘管這只是一次簡單的動員，但四步法的邏輯結構可以讓聽眾更容易接受。可見，四步法的結構，既可以用於小的篇幅，成為一段即興表達的結構；也可以運用在大的篇幅，撐起一段完整的主題演講。

情境二：代表發言

許多為人父母的家長，都有可能被邀請到孩子各個階段的畢業典禮上，作為家長代表上臺發言。

以幼稚園畢業典禮為例，假設你作為家長代表要上臺發言，請問如何才能講得更好呢？

運用「鉤子—要點—論證結構體—呼籲行動」此表達結構，可以這樣進行表達：

我參加我家孩子的幼稚園畢業典禮，比參加我自己的大學畢業典禮更激動。（鉤子）

我覺得今天的典禮意味著，我們的下一代已經完成了融入社會的第一步。（要點）

這裡有幾件小事，想和大家分享一下。

第一件事是我家孩子有一次拿錯了小朋友的玩具，第二天不僅主動將玩具還給了小朋友，還給小朋友帶了幾顆糖果表達歉意。我覺得這代表他學會了和朋友相處；第二件事是我家孩子經常對我說：「老師很辛苦，老師特別疼他們。」我覺得這代表孩子們學會了感恩；第三件事是我們的孩子學會了集體生

活。（論證結構體）

今天我們的孩子畢業了，幼稚園畢業代表他們完成了人生的第一步。我希望我們在座的所有家長，今後依然可以繼續保持交流。我們家長之間要保持交流，我們和老師之間也要保持交流，所有的老師都是孩子們的啟蒙老師。（呼籲行動）

想必這樣觀點鮮明、邏輯清晰的演講能令大家印象深刻。

情境三：專案彙報

假設你要向幾個主管彙報某一個企劃，你應該如何進行呢？運用演講發表型的表達結構，採取下面的框架：

我相信今天在座的主管對這個企劃都非常感興趣。（鉤子）

我想告訴在座主管一個好消息，這個企劃的進展非常順利！（要點）

我們不僅在專案中跟供應商保持了很好的關係，也與上游的資源、下游的資源保持了很好的關係。同時，此項專案也提升了團隊的合作能力。（論證結構體）

接下來我們會再接再厲，也希望在座能夠繼續支持我們。（呼籲行動）

用最簡單的語言，讓別人了解到關鍵資訊。當然，上面這段表達，你可以在論證結構體模組裡根據實際的情況做擴充。擴充論證結構體時，別忘了運用前面講過的金字塔思維。

情境四：總結陳述

假設在兩家公司洽談合作的一次正式會議中，最後需要一段總結，你應該如何表達呢？

當然，在這種情境之中，依然可以運用演講發表型的結構。

我完全同意今天會議上所達成的所有共識。（鉤子）
我們需要進一步加強合作。（要點）
我們要從以下幾個方面繼續深化我們的合作……。（論證結構體）
所以，我想從明天開始，我們可以立即著手做……。（呼籲行動）

在論證結構體中，為前面的商談做一個總結，其實也算是一種備忘，這在商務場合中非常重要。

情境五：獲獎感言

假設在公司的年底評比中，你所帶領的小團隊被評為「優秀團隊」。你作為小團隊的組長上臺領獎，該如何發表獲獎感言呢？

運用演講發表型的表達結構，可以這樣說：

今天這個獎我領得特別開心，當然也有一點慚愧。（鉤子）

因為我團隊的所有成員才是成功最核心的因素。（要點）

雖然我們的團隊很小，但是我們的團隊很有凝聚力，這是第一。我們的團隊內部都能互相幫忙、支持、理解、補位，這是第二。（論證結構體）

我希望這個獎，能帶給我們團隊鞭策的力量。接下來我們也願意跟其他團隊一起合作，把我們的公司帶到一個新的高度。（呼籲行動）

可見，演講發表型的表達結構可說是無往不利，不僅可以讓表達者在表達前胸有成竹，而且會在表達後回顧時線索清晰。

相信透過上面的情境案例，演講發表型的邏輯結構已經刻印在你的腦海中了。總之，在演講發表型的即興表達中，可以透過四個步驟構建表達的內容。

第一步：想一句開場語作為鉤子，吸引人們的注意力。

第二步：概括要點，呈現出表達的核心內容。

第三步：舉出幾個例子，形成論證結構體，來論證要點。

第四步：呈現下一步的行動與計畫，呼籲行動。

在大量的實踐總結中，此結構無論對於正式還是非正式場合都屢試不爽，希望大家能將它運用到日常工作、生活的實踐之中。

⑬ 人生四大重要場合，點你致詞該怎麼說？

關於「重要」，每個人的定義可能都不太一樣，但對於「重要場合」，想必大家的理解都差不多。比如在職場工作中，公司的產品發布會、頒獎典禮、聯歡會、客戶答謝會以及同事離職時的歡送會；在日常生活中，親朋好友的婚禮、同學聚會、孩子的畢業典禮、家庭聚餐等，都是重要場合。

如果你有機會在重要場合上即興表達，運用何種表達結構可以幫你緩解臨場的緊張感，表達出令人印象深刻的內容呢？

在本節內容中，我將與大家分享重要場合型的表達結構：感謝—總分總回顧—願景。

感謝，即感謝當下的人或者事，比如感謝主持人的邀請、感謝主辦方的邀請以及感謝今天在座的各位，需要注意要兼顧現場的不同群體。

總分總回顧，即針對某一個主題，回顧一下過去發生的事情，注意此時要講故事，而不是講事情，回顧時需要運用「總—分—總」此結構，即大結構中嵌套著小結構。

願景，即針對今天的主題對於在座的人表達一下你的祝賀、你對未來的展望等。

所以「感謝」聚焦的是現在，「回顧」談的就是過去，而「願景」指的就是未來，這樣就形成了一個完整的時間線結構。

情境一：畢業典禮

在上節內容中，我們假設一位家長在孩子的畢業典禮上發言的情境，除了按「鉤子—要點—論證結構體—呼籲行動」此結構來即興表達，「感謝—總分總回顧—願景」此結構也同樣適用，並且會呈現出截然不同的表達效果。

家長可以這樣表達：

首先，感謝幼稚園邀請我來參加孩子的畢業典禮，而且特別感謝園方給我這樣一個發言的機會。（感謝）

想想時間過得真快，三年前我兒子來這個學校讀書，那時候他還不到四歲，轉眼三年就過去了。讓我特別欣慰的是，在這三年當中，孩子在快樂的成長過程中，也學會了很多事物。（回顧之總述）

舉個例子……再如……又如……。（回顧之分述）

孩子身上能有這樣的成果，跟學校老師的教育密不可分，正是老師的身教影響我們的孩子。因此，再一次感謝學校，再一次感謝老師。（回顧之總述）

最後，我希望幼稚園越辦越好，希望老師們身體健康，希望老師的家庭幸福快樂，也希望我們在座的所有家長幸福美滿、小朋友們健康成長。（願景）

需要注意的是，在進行總分總回顧時，別忘了講出故事性的感覺，即講述要盡可能符合故事的關鍵要素——有轉折、有衝突以及主角發生了轉變。

比如，在講述孩子在幼稚園裡學會了哪些事物時，可以這樣說：

我家孩子曾與小朋友因為搶玩具發生衝突，剛開始兩人都認為玩具是自己先拿到的，後來老師講了「孔融讓梨」的故事，告訴他們謙讓是一種美德，於是他們倆都主動把玩具讓給對方玩，還因此成了好朋友。（回顧的故事性）

情境二：同學聚會

假設在大學畢業二十年的同學聚會上，你被邀請上臺講話，你依然可以按照重要場合型的表達結構來組織語言。但需要注意的是，同學聚會沒有人喜歡長篇大論，所以簡潔有效的表達才比較受歡迎。

非常感謝大家給我這個發言的機會，當然也要感謝我們的班長以及幾位熱心的老同學組織了這一場活動，如果沒有他們，我們今天根本沒有機會重逢。（感謝）

二十年過去了，我們在自己的工作和生活上都有了巨大的變化，但同學之間的感情還是一樣純樸。今天早上我們在參觀校園的時候，我想起了很多往

事……。（回顧）

祝同學們身體健康，不管我們的事業怎麼樣，健康很重要，希望再過二十年，我們還能再相聚。（願景）

可見，運用了一定邏輯結構的即興表達，既不會讓你脫離主題，也不會讓別人聽完之後不知所云；既讓表達者暢快表達，也讓聽眾印象深刻。

情境三：朋友婚禮

假設在朋友的婚禮上，你作為新郎的好朋友被邀請上臺致辭，運用重要場合型的表達結構，具體可以這樣說：

感謝婚禮主持人給我發言的機會，當然也要感謝我的好兄弟以及美麗的新娘。（感謝）

我跟小陳認識有十五年的時間了，有時候跟朋友在一起沒有話說會顯得很尷尬，可是我和小陳，即使我們不說話，一起坐一個下午，也不會覺得尷尬。因為任何時候你和他在一起，都會覺得很安心，他是一個讓別人覺得特別可靠的人。（回顧之總述）

比如有次……還有一次……。（回顧之分述）

所以，我覺得能做他的朋友真的很幸運，我相信我們的新娘子天天跟這樣的人在一起，一定也會覺得特別開心。（回顧之總述）

最後祝福我的兄弟新婚快樂、百年好合、早生貴子，也祝福在座的所有親朋好友幸福快樂！（願景）

情境四：朋友葬禮

相信許多人都有這樣的經歷：大學畢業五年後，會經常參加婚禮；大學畢業十年後，會經常參加別人孩子的滿月酒或者周歲宴；隨著年紀的增大，也許參加葬禮這種我們不希望發生的事情，會開始在我們身邊發生。

那麼在葬禮儀式上，要如何得體的對逝去的友人哀悼呢？

感謝主持人給我發言的機會，讓我有機會來一起緬懷我們共同的老朋友。（感謝）

我們認識二十年了，他為人熱情、幽默，一直是我們好朋友中的開心果。有幾件事一直令我記憶猶新，有一次……還有一次……。（回顧）

最後衷心希望我們的老朋友在天之靈能夠安息、希望我們老朋友的家人們能夠節哀順變，也希望我們今天在座的所有人能夠更關心自己的身體、能夠身體健康。（願景）

「感謝─回顧─願景」此結構可以使即興表達的內容清晰明瞭，可以適用於多種重要場合的場景。但在不同的場景表達時，雖然運用的是同一種表達結構，卻需要根據場合加入自己不同的情感。因為在重要場合上短暫的即興表達當中，除了你所表達的內容，你的情感往往也能發揮至關重要的作用。

總之，在重要場合場合中的即興表達，有三個步驟可以組成精彩的結構。

第一步：感謝。具體可以按照「過去—現在—未來」時間線結構，依次對過去出現過的、今天到場的、未來可能出現的人或事物表示感謝；或運用正反結構，對談論過我的人表示感謝，甚至，對過去傷害過我的人也表示感謝。

第二步：總分總回顧。在列舉具體的例子時，切忌平鋪直敘，而是要用故事的衝突和轉折給人們留下更深的印象。

第三步：願景。表達出良好的願望，從而烘托出氛圍。

⑭ 即興表達如同電影，結尾決定觀眾評價

元代文人喬夢符談到寫「樂府」的章法時，曾做出「鳳頭」、「豬肚」和「豹尾」的比喻，它正成為衡量一篇文章的標準。這一標準在即興表達中也同樣適用，也是即興表達需要達成的目標。

「鳳頭」，即是說表達的開場要像鳳頭一樣小而美，直接切入主題。我們可以利用第十章所講到的一些開場小技巧，來充分獲取聽眾的注意力，進而實現開場的「鳳頭」。

「豬肚」，即內容充實而豐滿，且邏輯條理清晰，能突出亮點。可以透過前文所述的三種即興表達的結構——問題討論型、演講發表型、重要場合型，來實現表達內容上的「豬肚」。

「豹尾」，即結尾要像豹的尾巴一樣，短小、精悍且有力。俗話說：「編筐編簍，重在收口。」一個精彩的結尾，不僅可以承接開場和內容，形成一個完美的閉環，也可以創造出極佳的表達體驗，甚至可以為下一次新的表達做好鋪墊。

那麼，在本節內容中，我們就來分享一下在即興表達中概括結尾的方法。需要注意的是，即興表達的結尾和主題演講的結尾是截然不同的。主題演講的結尾可以將主題昇華到一定的高度，去號召、去呼籲。但這種方式對於即興表達的場景顯然是不適用的，即興表達有著自己的結尾方式。

方式一：感謝總結作為結尾

廣泛的感謝是無效的，只有盡可能具體的感謝才能讓對方印象深刻。你可以從三個方面做到具體的感謝。

一是行為上的感謝：

行為上的感謝，即留意對方細小的行為，並且感謝該行為。比如，你去拜訪對方，臨走時，你可以感謝他：「非常感謝你今天還特別到門口接我。」

實際上，這種非常細微的動作，對方一般都不會留意到。但是，你卻把它提出來了，一定會出乎對方的意料，對方一定會為你的細心再一次給予你某種感謝和回饋。這就是具體行為上的感謝。

二是觀點上的感謝：

觀點上的感謝，即就對方某個具體的觀點和建議表達感謝。

比如，在一次討論過後，你可以這樣結尾：「感謝你今天在時間計畫方面給我許多建議，這些觀點和我過去的理解確實不太一樣，對我特別有啟發。」這就是在對方的觀點上給予感謝。

三是感謝那些容易被忽視的人：

如果你的即興表達是在一個比較正式的場合，如飯店、會議室等，臺下還坐著一定數量的聽眾。此時，在即興表達的結尾，不妨去感謝一些容易被大家忽略的人，如服務員、門口的迎賓人員、掃地的阿姨等。這樣能給當事人和坐在臺下的聽眾，留下了極好的印象。

比如，我經常在飯店培訓，在培訓的最後階段，除了感謝主辦方、參加培訓的學員，我還會感謝今天幫我們端茶倒水的服務員。

方式二：概括總結作為結尾

對於一段簡短對話的概括，可以從以下兩種方式入手。

一是理性概括：

什麼叫理性概括呢？即用一個詞或若干個關鍵點來複述表達內容的重點。

比如，你講到最後準備總結時，可以這樣說：「其實今天我想表達的就是一個詞——信任。」

二是感性概括：

什麼叫感性概括呢？即以具象的東西來形容自己的感受，如顏色、動物、數位甚至是飲料等任何你可以想到，並能與感受建立起聯繫的東西。

比如，你在結尾可以這樣說：「如果用一個顏色來形容我今天的感受，我覺得這個顏色是綠色。綠色帶給人希望，而且綠色是生長和發展的象徵。今天的活動刷新了我的很多認知，讓我感覺成長了許多。」

在這裡，我用一個顏色來形容自己的感受，不僅會讓聽眾覺得很新奇，也會增添大家的感性體驗。當然，感性體驗是多樣的，綠色的心情也可以換成雪碧般的心情。

方式三：留下活口作為結尾

即興表達並不是一次完整的表達，隨時隨地都有可能發生，所以並不見得要一次性把事情全部說完，而是要為下一次的交流留下一個彈性的空間，簡稱為「留下活口」。這裡介紹三種「留下活口」的方法。

一是以想要進一步交流作為「活口」：

比如，你和對方討論某一件事，最後可以這樣結尾：「時間有限，我今天和你交流的只是對這件事情一點粗淺的理解，如果你不介意的話，下週我們可以約一個時間繼續深入交流。」這樣的表達，即為下一次的交流留下一個彈性的空間。

二是以背後的原因需要進一步探討作為「活口」：

比如對方要你解決某一件事，為了爭取到更多的處理時間，你不妨這樣結束這次談話：「這件事我並沒有辦法三言兩語就說清楚，所以我希望有更多時間可以針對背後的原因做些探討，你看下一次我們約在什麼時間探討比較合適呢？」這樣，即為下一次的交流爭取到了機會。

三是將對方表述中的新鮮名詞作為「活口」：

比如，你可以找到對方話語中的關鍵字或是新鮮名詞，這樣結尾：「你剛才說了一個詞叫『認知盈餘』，我特別感興趣，如果有時間的話，我們可以在這個方面做一些更深入的交流！」

當你和對方還有下一次交流的欲望，想繼續向對方學習，或是你們之間還有繼續思維碰撞的空間，就不必在結束時感謝或是概括總結了，因為你的目標是為下一次的交流創造機會，留下「活口」。

方式四：以金句或者俗語作為結尾

這一方式其實因人而異，取決於一個人的知識面和閱歷。在日常學習中，你可以有意識的蒐集金句或者俗語，作為自己即興表達的知識儲備。

比如，你即興表達的主題是「工作要有主次之分」，在表達的結尾，你不妨引入一句俗語：「有句話說得好，『將軍趕路不追小兔』，所以，我們在工作當中也要瞄準我們最主要的目標，不要因為那些小兔子分心了。」以一句精闢形象的金句或是俗語來作為即興表達的結尾，往往會得到為主題畫龍點睛、讓聽眾眼前一亮的效果！

再如，你和對方分享銷售技巧和經驗時，可以這樣結尾：「俗話說得好，嫌貨才是買貨人。」俗話往往都是老祖宗的智慧結晶，一語中的，把話說到點子上，從而佐證某一個核心觀點。

又如，你和別人聊天的主題是「建立好人際關係」，可以嘗試這樣結尾：「人際關係對你的工作發展有很大的幫助，正如那句俗話『有關係就沒關係，沒關係就有關係。』我想老祖宗的這句話正是告訴我們，人脈關係很重要，能力永遠是墊腳石，人脈才是牽引力！」儘管金句和俗話並不見得有多麼科學，但每一句話本身都只是手段，這個手段只要能為你這一次表達的目的服務，它就是一個好手段。

總之，要想使即興表達的結尾給人留下深刻的印象，不妨嘗試四種方式。

一是感謝。可以在某些細微的行為上、在對方的某些觀點或者建議上對別人表示感謝，也可以去感謝那些容易被大家忽視掉的人。

二是概括總結。分為理性概括和感性概括，分別激起聽眾的理性思維和感性思維。

三是為雙方下一次的交流留下「活口」。讓這一次的表達成為下一次表達的前提。

四是以金句和俗語作為結尾。這能夠在即興表達中起到畫龍點睛的作用。

在我剛剛進入諮詢培訓行業時，一位前輩曾跟我講過一句話：「真正的職業選手，就是在他不知道該做什麼的時候，也知道應該怎麼做。」

此時，我想借用這句話總結一下：「真正的表達高手，就是在他還不知道要講什麼時，也知道應該怎麼講。」

因為，表達高手胸有成竹，掌握了許多的表達結構，即使他不確定要填充哪些資訊進去（不知道講什麼），也會清楚運用表達結構去進行表達（知道怎麼講）。

還記得我在前言舉過的那個例子嗎？在肖總的生日宴上，我被臨時點名上臺發言，從臺下走到臺上的短短十秒，我雖然不確定要填充的內容是什麼，但我很清楚結構不變。這就是結構的力量！

第四章

那些推銷高手，都怎麼即興表達？

15 高手說：我有一個夢想，菜鳥說：我有一個方案

一次即興演講，即是以一對多的方式，向公眾傳遞你的理念、發表你的產品或者闡述你的方案。無論即興演講的訴求是什麼，永遠別忘了，你所吸引人的，一定是表達背後的信念或意義。正如點燃黑奴反抗信念的馬丁．路德．金恩（Martin Luther King），他說的第一句話是「我有一個夢想」，而不是說

圖15-1 黃金三圈

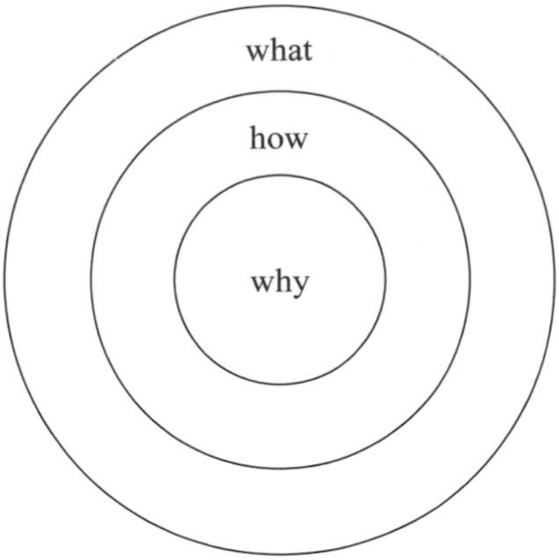

「我有一個方案」。

實際上，所有的即興演講都蘊藏著一個底層邏輯，我們稱之為「黃金三圈」，如上頁圖。

最外圈：what，即「是什麼」。中間圈：how，即「如何做」。最內圈：why，即「為什麼」、「意義是什麼」。

在日常生活中，大部分的人都會清楚自己在做什麼，即「what」；其中，會有一部分更厲害的人，經常思考如何把正在做的事情做得更好，這就進入到了「how」的層面；但只有很少一部分的人，會經常質問自己，我為什麼要做這件事，我做這件事的意義是什麼，繼而上升至「why」的層次。

一般我們在表達時，習慣由外向內表達——先說外層的 what，再說中層的 how，但很少涉及內層的 why。因為外層的 what 最顯而易見，表達者說得輕鬆，聽眾也容易接受。

但**為什麼只有少數人才能成為演講高手？因為大部分的人都習慣按常規來表達**。

我觀察所有的演講高手，仔細研究後發現，他們都有一個共同點——表達時按照與慣例相反的方式進行，由內向外進行表達，即先說內層的 why，再說中層的 how，最後說外層的 what。

千萬不要小看這一簡單的順序改變，這對你征服聽眾的大腦具有至關重要的作用。

比如，一個普通的銷售人員即興介紹一款最新一代的蘋果手機，一般會按照由外向內的邏輯介紹：

這是我們最新一代的蘋果手機、雙鏡頭、玻璃背板、全螢幕。（what）

這款手機設計精美、介面簡潔、系統流暢、使用簡單。（how）

……。（why 或是不說 why）

請問各位，你聽完銷售人員的介紹之後，會有購買的衝動嗎？再來看看，賈伯斯之前在新品發布會上，是如何介紹最新一代的蘋果手機：

我們存在的價值，就是改變這個世界，為了突破和創新，我們永遠在用不同的思考方式，我們要改變普通人的生活。（why）

我們覺得一個好的產品要設計精美、介面簡潔、極致簡單。（how）

這就是我們最新的 iPhone。（what）

聽完有不同的感覺嗎？賈伯斯的表達邏輯正是由內而外的。

再如，假設你去到汽車的銷售門市，普通的銷售人員向客戶介紹的流程大概是：

這是我們最新款 SUV。它省油、真皮座椅、空間大、無鑰匙啟動，而且越野性能好，我們採取了最新的技術……。

普通銷售員介紹的邏輯是 what 和 how，卻沒有涉及 why。

如果按照由內向外的邏輯，你會如何介紹？大致的思路一定是這樣：

我們一直提倡對環境影響較小的交通工具。當然，現代生活還要不失時尚和人性。（why）

所以我們在節能技術和時尚功能上下了很多功夫，我們擁有一百八十項專利技術。我們在你手能觸摸到的地方都用了真皮；我們的底盤設計，考慮了你在城市裡能碰到的所有路況；每輛車，只為它的主人服務，無需鑰匙，只要用指紋就能開車。（how）

這些優點都集中在你面前這款車上，這是我們最新款的ＳＵＶ。（what）

拋開修飾性的詞彙，其實上述兩種表達方式，只是表達的邏輯順序顛倒了一下，呈現出的表達效果和給予聽眾的感受卻大不相同。

正如在每一次銷售中，人們購買的並不是你的東西，而是你所表達的理念；**在每一次即興演講中，人們認同的不是你的觀點，而是你所傳達的信念。**

賈伯斯在挖角百事可樂的總裁約翰・史考利（John Sculley）時，告訴他的並不是蘋果的產品有多棒，而是問了他一句話：「你是想一輩子賣糖水，還是跟我一起來改變世界？」

實質上，why — how — what 這一由內向外的邏輯，並不是人為編造和虛設的，而是符合生物生理本能的。

人的大腦分為三個層次，俗稱「三層腦」，由內到外，依次分為：

爬蟲類腦，也叫本能腦：

這一層大腦的進化已經超過一億年，它毫無情感，只為了生命最原始的意義——生存。因此，它的主要功能就是逃跑和戰鬥，並負責一些本能的生存動作，如睡眠、呼吸。

遇到緊急情況時，爬蟲類腦的第一反應就是跑或躲，因為它要保證生命盡可能延續。比如你上學時，突然所有同學一下子全跑出了教室，此時你的第一反應肯定也是跟著跑。可見，在緊急情況下，爬蟲類腦掌握著行為的第一指揮權，也正是因為這樣，有些人特別容易在緊急狀態下失去理智。

哺乳類腦，也叫邊緣系統：

哺乳類腦是行為和決策中心，負責感知情感、意義和價值，愛、恨、情、仇都集中在這一區域，對應 why 的層面。比如，哺乳類動物會養育下一代，就是因為哺乳類腦的情感因素。

最新的大腦——大腦皮層，也叫新皮質：

這一層的大腦還在不斷進化，是神經元細胞最密集的地方。該區域負責人類的智力，圖形、語言、邏輯思考全由它掌控。這層大腦讓我們理解「這個世界是什麼樣子？」、「世界的本質是什麼？」、「我們從哪裡來？」等諸多問題，並為此做出界定與回答。

在日常工作中，在向客戶介紹產品、陳述方案等即興演講的場合，我們在慣性思維的驅使下，總是按照由外而內的演講順序，去羅列資料、呈現圖表，盡可能的向客戶展現 what。

但當你展示完頁面精美的簡報，陳述完看似無懈可擊的方案後，非常尷尬的瞬間就出現了。客戶皺著眉頭沉默了好久，思考後才說：「你的資料和邏輯都對，方案我也理解了。但我總覺得沒有打動我，似乎缺了點什麼，但缺什麼我也說不上來。」

但當你了解人腦的構造機制、了解三層腦的理論後，就會發現客戶之所以會覺得你的方案遺漏什麼，是因為你沒有由內而外打動他負責行為決策的中心——掌管情感的哺乳類腦。這也正是演講高手會先表達 why 的原因，首要的是去觸動聽眾的情緒和情感。

實際上，黃金三圈由內而外的邏輯順序，並不局限於即興演講，在多數的表達場合中都有用武之地。

比如，在面試中，你要僱用的並不是一位需要工作的人，而是一位與公司理念相同的人，這就是 why 的層面；再如，談婚論嫁流行三觀一致，也是更重視 why 的表現。

教育孩子也可以使用這一套路。父母會要求孩子做什麼或是不要做什麼，但通常不會奏效，因為這只涉及了 what 的層面；更有效的說服方式是告訴孩子做與不做背後的原因，只有表達出 why 的深層原因，才能觸及孩子的內心。

總之，黃金三圈告訴我們，演講高手都有一個共同的套路——由內而外的表達。簡單的改變表達順序，就能讓你的觀點直擊人心。

⑯ 話不用講白，客戶會自己補白

故事是人類文明發展的重要推動力。教育、宗教的基礎，都來自一個又一個故事。**學會講一個好故事，以及講好一個故事，一直都是一項重要的能力**。

講的是不是一個好故事，這是價值觀層面的選擇，因為不同的人對好故事的判斷不同。但能不能講好一個故事，就是一種技能的表現了。

如何把一個平淡的故事講得精彩，讓聽眾聽得欲罷不能，這絕對是一門值得深究的學問。

講故事首先需要引發聽眾的興趣，這實質上是要調動聽眾大腦的興趣。

人的大腦有一個特徵——適應性反應，包括倦怠反應和知覺整體性。

倦怠反應：

最淺顯的感受，就是如果你一直盯著某一個字看，時間久了，就會覺得這個字怪怪的，彷彿是從來沒見過的錯別字，而且盯得越久，陌生感越強烈，這就是倦怠反應的具體表現。

知覺整體性：

人會根據自己的知識經驗，習慣性對刺激物進行加工處理，讓知覺保持完備，這就是知覺整體性。大腦特別需要這種整體性，一旦面對有所缺失的東西，它就會非常難受。

在下頁圖16-1中，你能看到中間的三角形嗎？其實三角形並不存在，但知覺經驗顯示出了主觀輪廓，這就是你的大腦自行「腦補」出來的。

正如漫畫家作畫，只要抓住了事物的特點和關鍵部分，不管人物的比例是否正確、線條粗細如何，都會讓人一眼就看出畫的是什麼，因為觀看者大腦會自動將有缺漏的細節補上。

那麼如何利用大腦的這一特性來引發聽眾的興趣呢？

首先，我想引入一個概念——知識的「坑」。你千萬別小看這個坑，這其中蘊含著講故事的方式。

比如，我問你中國有多少個省，並請你一一列舉出來。你就差一個想不出來，此時，你想把這個小「坑」補齊的欲望會特別強烈，會拚命回想，甚至恨不得立刻拿起手機查一下。

但如果我問你非洲有多少個國家，並讓你一一列舉出來呢？

圖16-1 錯覺輪廓

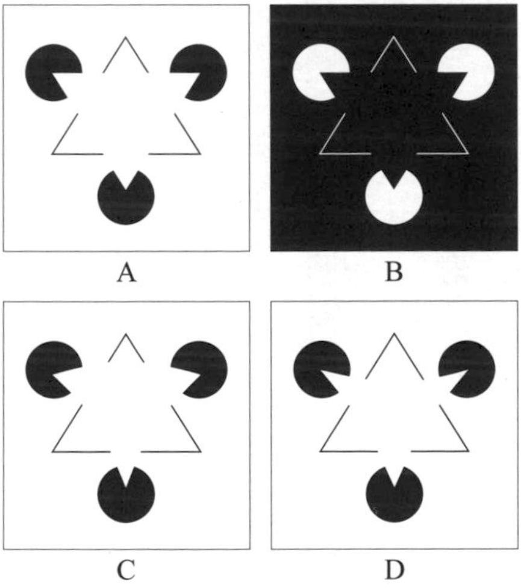

你可能只列舉出了幾個常聽到的國家：埃及、南非、衣索比亞、肯亞等，還剩下幾十個國家都說不上來。那麼此時，你還會拚命搜索腦海中的記憶，或是立即拿起手機查一下嗎？

其實，當缺口很大時，你想把這個缺口補齊的欲望反而沒那麼強烈了，因為補齊這麼大的缺口需要調用太多的大腦資源。

這裡推薦一本書《快思慢想》（*Thinking, Fast and Slow*），這本書講述了認知心理學和大腦的許多天然屬性。

完這本書，你就更能理解你的大腦了——人類的大腦天生懶惰，它對這麼大的「洞」，補齊的興趣一點都不大。

因此，讓大腦有興趣的基本邏輯就是千萬不要給大腦留下一大片的無知區域，而是要留下最重要的一個小坑，讓大腦被這個小坑調動起來。

講故事時，可以運用「漢堡原則」，如下頁圖16-2。

上面的那片麵包叫做「現狀」或「現在」，下面的那片麵包叫做「標準」或「未來」。對應到故事中，即「前置情境」與「後置結果」。

因此，運用漢堡原則講述故事的具體方法是，先講述上面的一片麵包，再講述下面的一片麵包，留出中間想抖出的那塊肉，便形成一個「坑」了。這類似作文裡的倒敘手法，但不是一開始就倒敘，而是先講開頭，講到關鍵環節暫停，然後再倒敘。關鍵點是留出中間最精彩的部分，也就是你最想讓對方參與思考的部分，便能成功引起對方的興趣了。

大家不妨回憶一下，平常我們是如何講故事的？比如，家喻戶曉的《狼來了》的故事，我特

圖16-2 漢堡原則

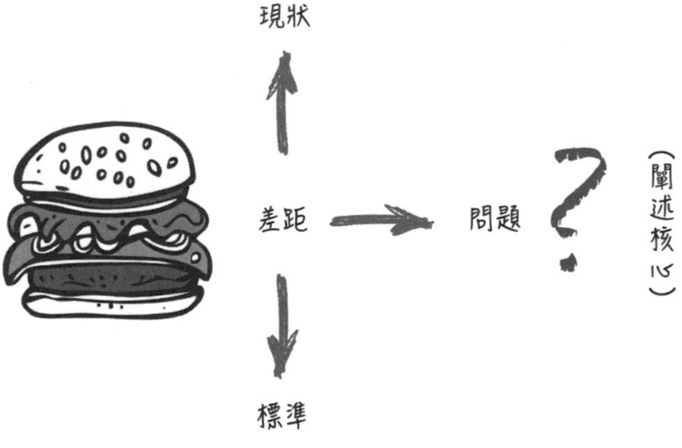

地找來了伊索寓言的原版，它是這樣講的：

從前，有個放羊的孩子每天都去山上放羊。

有一天，他覺得十分無聊，就想了一個捉弄大家的主意。他向山下正在種田的農夫們大聲喊：「狼來了！狼來了！救命啊！」農夫們聽到後，急忙拿著鋤頭和鐮刀往山上跑，他們邊跑邊喊：「不要怕，孩子，我們來幫你打惡狼！」

農夫們氣喘吁吁趕到山上一看，連狼的影子也沒有！放羊的孩子哈哈大笑：「真有意思，你們上當了！」農夫們便生氣的走了。

第二天，放羊的孩子故技重施，善良的農夫們又衝上來幫他打狼，但還是沒有見到狼的影子。

男孩笑得直不起腰：「哈哈！你們又上當了！哈哈！」

大夥兒對男孩一而再、再而三說謊十分生氣，再也不相信他的話了。

過了幾天，狼真的來了，一下子闖進了羊群。男孩害怕極了，拚命向農夫們喊：「狼來了！狼來了！快救命呀！狼真的來了！」

農夫們聽到他的聲音，以為他又在說謊，大家都不理他，沒有人去幫他，結果許多羊都被狼咬死了。

你有沒有發現，我們一般都是按照時間順序來講故事的？但如果換一個方式，運用漢堡原則來講述呢？

在漢堡原則中，《狼來了》這個故事應該有三層。

第一層——麵包：

一個村莊的後山上，經常有狼出沒。所以村民們約定，有危險就求救，大家都要上去幫忙。這是一群善良又樸實的村民，每一次，他們都能齊心協力把狼趕跑。

第二層——麵包：

男孩有一天放羊的時候，狼一下子闖進了羊群。男孩害怕極了，拚命向村民喊：「狼來了！狼來了！快救命呀！狼來了！」可是，大家都不理他，沒有人去幫他，結果，許多羊都被狼咬死了。

上下兩層麵包分別對應前置情境與後置結果，兩者之間有落差、有對比，就形成了衝突。**一個故事一定要有衝突**。

原版《狼來了》的故事，只是按照第一次、第二次、第三次的順序發展來講故事，缺少衝突，因此故事呈現的張力不夠。但你作為講故事的人，要學會在這個故事中設計衝突。

當你講完第一層麵包、第二層麵包後，中間留出的那片肉就形成精準的小坑，形成懸念。聽眾會不自覺的思索：「中間到底發生什麼事呢？本來善良的村民，為什麼那天不幫助男孩呢？」

原本平鋪直敘的故事，被你講得有起伏，就是因為植入了中間的小坑。為了讓這個小坑更有吸引力、為了讓衝突更明顯，我們可以把壞的講得更壞、把好的講得更好。中間的落差感越強，就越有吸引力。

總之，我們要學會製造故事中的坑。但需要注意的是，這個坑不能過大，否則大腦就會喪失興趣。

為了引起聽眾的興趣，我們可以利用漢堡原則，先講上層的麵包，再講下層的麵包，製造了落差與衝突之後，再把中間最精彩的「肉」抖出來。

⑰ 換一個問題，答案就不一樣

從小到大，我們接受的教育是讓我們在茫茫的資訊中，不斷獲取標準答案。獲得答案的速度與品質，直接決定你是否能獲得老師對你的讚賞、同學對你的羨慕。因此，人們的思維模式就會陷入「向問題要答案」的慣性之中。

但是，這個時代出現的新變化，讓我們有必要反思一下這種思維慣性。

- 資訊太多，知識存量不斷變大。一個人即使有博士學位，所學的知識也不能用一輩子。
- 搜索工具發達，人們找到答案的速度和品質，會因為技術的智慧化而不斷趨於同一水準。

• 越是確定的答案，越容易被快速變化的環境挑戰。因為每一個答案，本質上都是基於過去的經驗。

被考場折磨出來的中國人，總是習慣向問題要答案，用正確性去刷存在感。而**在即興表達中，會提問將成為比找到答案更可貴的能力**。

愛因斯坦曾說：「提出一個問題往往比解決一個問題更重要。因為解決問題也許僅是一個數學上或實驗上的技能而已，而提出新的問題，卻需要有創造性的想像力，而且標誌著科學的進步。」

愛因斯坦在小時候就問過自己一個問題：「如果和光線一起旅行，我會看到什麼？」這個問題，**能不能找到確定的答案不見得有多重要，重要的是這個問題會引導他一生的探索。**可見，問題才是智力的發動機。

四川曾有個歷史學家蒙文通，每次期末考試，蒙教授不是出題考學生，而是讓學生出題考他。為什麼這麼做呢？

蒙教授正是要透過考察學生能不能提出有水準的問題，來判斷學生的學習程度。只有真正學會了、學懂了，才能提出高品質的問題。

有的學生放學回家，家長會問：「你今天學到了什麼新知識？」有的學生放學回家，家長卻會問：「你今天問了什麼好問題？」前者的落腳點是「學知識」，而後者的重點是「提問題」。

我也嘗試對「好問題」總結出三點自己的想法：

- 一個好問題不能被立即回答，但能激發人們前進。
- 一個好問題與能否得到正確答案無關。
- 一個好問題處於已知和未知的邊緣。

此時，你也許意識到平時被大家所忽視的「提問」的重要性了。那麼，如何問出有品質的好問題呢？

我先羅列幾個問題：

老張，為什麼你沒有按計畫實現目標？
為什麼桌子這麼亂？
事情為什麼會這樣？
誰該為此事負責？

想必大家對這些十分熟悉，這都是工作中特別常見的問題。通常在出現問題時，我們總是習慣問 why 或 who。

面對問題，我們首先想到的是分析問題，找出原因。而分析原因，最直接的提問方式就是 why。

可是，在現實的工作和生活中，問題和原因並不是單一對應的，我們習慣性問 why 或 who，常常得到一堆看似原因的回應。

實際上，當你問 why 時，面對追責，對方大腦的第一反應不是找到真實的原因，而是做好自我保護。言下之意，人們會回答一個讓自己受傷最小的答案，而非真實的答案。

正如當主管問員工為什麼遲到時，幾乎所有人的答案都是塞車。再如家長問孩子為什麼和同學打架，幾乎所有孩子的答案都是「他先打我」。這些追問都針對過去發生的事情，無法在當下還原真相，人們就會找理由。

大腦本能的自我保護並沒有錯，錯就錯在，你問了一個錯的問題。

上文羅列的四個問題都是錯的問題，因為這些問題都在引導別人回想過去。因此提問的正確方式是「沒有問題，只有機會；沒有過去，只有未來」，也就是多問 how 和 what，少問 why 或 who。這是一個有別於我們過去習慣的表達套路。

與其問：「老張，為什麼不能按計畫實現目標？」不如問：「老張，接下來我們可以做些什麼，才能更快趕上進度？」

這樣提問有兩個好處：一是設定了目標——趕上進度；二是不給對方找理由和找藉口的機會，而是引導對方思考——可以做些什麼？

我們把前文的問題都轉化一下，看看有什麼不同的感覺。

與其問：「為什麼桌子這麼亂？」

不如問：「下節課開始，我們如何分工可以讓桌子更整齊呢？」

與其問：「事情為什麼會這樣？」

不如問：「事已至此，接下來我們可以如何改善呢？」

與其問：「誰該為此事負責？」

不如問：「下一次，我們該如何規避這類失誤呢？」

我在很多場合分享過這個方法，大部分的人聽完的第一反應是：同樣一件事情，只是換一種問法，得到的答案就會截然不同。

從得到一堆的理由和藉口，變成得到一堆的方法和可能性。問對問題，才可能得到你要的答案。

先不論得到的這些方法是否有效，至少因為你問的這個問題，大家思考的方向就完全不同了。

假設你是一位管理者，你要組織召開一次會議。有兩種會議主題。

第一種是「這次會議，我們要討論一下，為什麼員工不積極主動。」你大概可以料到，這次會議的氛圍會很沉悶，因為你的會議主題就是引導大家只關注問題本身。

第二種是「這次會議，我們要討論一下，我們可以做些什麼讓員工更積極主動。」

相比第一種主題，這個會議至少會更有建設性一些，氣氛也不會那麼沉悶。正如有句話說得好：「一個會議的主題好壞，幾乎決定會議的成敗。」

再如，今天你的孩子回家，很失落的說道：「媽媽，今天發了數學考卷，我考了五十五分，早上被老師罵。」

我想大部分的家長都會問：「為什麼會考不及格呢？」這個問題不僅提升了孩子回答的壓力，更重要的是，他會努力找藉口。

你不妨嘗試問這樣的問題：「如果下一次考試，想拿到七十分，你覺得接下來這兩個月，我們可以一起做些什麼事情？」

這個案例，值得我們關注的有三點。

一是目標適中。如果這個目標一下定到一百分，就會嚇退孩子，這個目標得是一個踮踮腳尖就可以達到的目標。

二是引導對方關注接下來實現這個目標的機會，而非問題本身。

三是在表述中，要以第一人稱表達。家長以「我們」的口吻去激勵孩子，會讓孩子覺得家長是和自己站在同一陣營的，會讓孩子減少壓力、充滿動力。

從上述的案例中，我們可以提煉出判斷所提問題是否有品質的兩個法則。

一是把問題的中心詞放在動詞上，也就是放在行動上；二是在陳述時，盡可能包含「我」和「我們」，而不是「你」、「你們」、「他」、「他們」。

總之，提問是一種越來越值錢的能力，而最高效的提問法則是：沒有問題，只有機會；沒有過去，只有未來。當然，提問並不僅限於這個方法，但這是使用頻率最高的一種。

現代管理學之父彼得・杜拉克（Peter Drucker）曾做過一個總結，「餵養機會，餓死問題」，一針見血指出了提問的關鍵。這就好比有兩隻小狗，一隻小狗叫「問題」，另一隻小狗叫「機會」，你的時間和精力就是「狗糧」，但是狗糧卻是有限的，你希望哪一隻小狗長得更茁壯？很顯然是那隻名叫「機會」的小狗。

如果把有限的狗糧都給名叫「機會」的小狗吃，那麼「問題」自然而然會「餓死」。

⑱ 多鼓勵，少表揚；多描述，少評價

表揚和批評，是即興表達中兩個特別常出現的應用場景。儘管這兩個場景是我們耳熟能詳的，但遺憾的是，大部分的人都說得不太好。

為什麼這樣說呢？因為大部分的人一直都在用錯誤的方式來表揚和批評別人。「表揚」這個詞不夠準確，我們真正應該做的不是表揚，而是鼓勵。

史丹佛大學教授、著名心理學家卡蘿・德威克（Carol Dweck）在過去的十年裡，對紐約二十所學校、近四百名五年級學生進行一項實驗，其中包括四輪測試。

第一輪測試：兩組學生做一個非常簡單的拼圖任務，兩組學生的表現都不錯。只是在測試結束後，兩組學生會得到老師不同方式的誇獎。

第一組學生完成後，聽到的是關於「努力」的誇獎：「你剛才這麼努力，表現得很出色。」、「你剛才非常用心，表現得很棒。」第二組學生完成後，聽到的則是關於「智商」的誇獎：「你在拼圖上很有天分，你很聰明。」

接下來的三輪測試，就是測試兩種不同的表達方式對兩組學生產生的不同影響。

第二輪測試：有兩種不同難度的任務，兩組學生可以自由選擇任務來做。結果第一輪被誇獎「努力」的學生，有九〇%選擇難度較大的任務；第一輪被誇獎「聰明」的學生，大部分都選擇簡單的任務。

第三輪測試：兩組學生同時參加任務，這次任務故意設置得很難，大部分的孩子都失敗了。結果第一輪被誇獎「努力」的學生雖然失敗了，但表現得更從容，甚至表示「這正是我喜歡的測試」，並認為自己失敗是因為努力不夠；第一輪被誇獎「聰明」的學生在測試中一直很緊張，抓耳撓腮，無法答題就顯得很沮喪。

第四輪測試：經過第三輪的挫折後，第四輪的題目又跟第一輪一樣簡單。

結果第一輪被誇獎「努力」的孩子，在測試中分數比第一輪提高三〇％左右；第一輪被誇獎「聰明」的孩子，分數在這一輪卻退步大約二〇％。

看完這個實驗，有沒有突然覺得很緊張，我們平常不經意的一句話，原來對孩子的未來產生了這麼深遠的影響。那上述兩種誇獎方式，哪一種是鼓勵，哪一種是表揚？

我們先來看一下，鼓勵與表揚的定義。

所謂鼓勵，就是誇獎別人的努力，從而給對方一種可以掌握自我的感覺。如果事情的結果取決於自己的努力，那麼成敗就掌握在自己的手中。實驗中，被誇獎「努力」的那一組學生，所接受的就是鼓勵。

何為表揚？就是誇獎別人的聰明和天賦，但成功不由自己掌控。如果面對失敗，他們就會覺得是因為自己不夠聰明，很可能會直接放棄，因為人沒有辦法為自己增加天賦。而且，他們以後都不太會選擇有難度的挑戰，怕失敗會被別人認為自己不夠聰明。所以，在實驗中，被誇獎「聰明」的那一組學生反而退步了，因為表揚無形中給了他們壓力。

簡言之，鼓勵通常針對態度和過程，而表揚通常針對結果和成效。因此，由上述實驗得出的結論是：「多鼓勵，少表揚；多描述，少評價。」

那如何將這一結論轉化成可以套用的即興表達模型呢？

我們先來看一個案例，假設你下班回家剛進門，你五歲的孩子破天荒的端了一杯水給你，跟你說：「辛苦了，喝杯水吧。」我相信各位無論是否已為人父母，想像一下這個場景都會感覺很滿足。

當你喝完了，孩子還看著你，你猜他在等什麼？是在等你喝完給你續杯，還是在等你誇獎？一定是後者。那你會如何誇獎孩子呢？

大部分的家長都會說「寶貝真棒」、「寶貝長大了」、「寶貝真厲害」，並搭配一些擁抱、親吻的動作。但上述的表達都是評價，我們需要做的是「多描述，少評價」，對應的表達模型是：行為＋感受＋評價。

你可以這樣誇獎孩子：

寶貝看到爸爸／媽媽回來，會主動端水給爸爸／媽媽。（描述具體行為）

爸爸／媽媽好開心。（描述感受）

寶貝真棒。（針對行為進行評價）

同時，「行為＋感受＋評價」這一表達模型，不僅適用於誇獎，也適用於批評。比如，批評孩子時，家長可以這樣進行表達：

剛剛爸爸／媽媽在跟叔叔聊天，你一直吵，還打了叔叔一下。（行為）

爸爸／媽媽真的有點生氣了。（感受）

我覺得你今天的表現不太好。（評價）

同樣在職場中，用好這一即興表達的模型，能發揮許多不可思議的作用。比如，你的同事順利處理了一次客戶投訴，你應該如何誇獎他呢？

有些人的誇獎就比較表面：「小王，昨天的投訴處理得不錯。」但如果運用「行為＋感受＋評價」這一模型，可以這樣表達：

小王，我認真觀察了你昨天處理客戶投訴的過程，當你說出問題關鍵的時候，那個客戶眼睛都亮了。（行為）

看到你有這麼好的表現，也聽到別人對你的肯定，我特別欣慰。（感受）

小王，我發現你捕捉客戶心理感受的能力真的很厲害。（評價）

其中，描述行為經常被忽視，卻十分有效。你所描述的行為越具體，代表你對這件事了解得越多，對方更能感受到你對他的關注。

如果你真的以上述表達方式鼓勵小王，想必當他再一次面對客戶投訴時，一定信心滿滿，行為中的優點也會被強化和放大。

相較於只是簡單進行評價，顯然「行為＋感受＋評價」這一表達模型會帶來截然不同的表達效果。這不僅能讓表揚變得更有趣，讓對方在未來放大這些行為；也能讓批評變得更有用，不會因為批評造成誤會，因為你的批評是建立在一個具體行為的基礎上，而不是去抹殺他整個人，即符合「對事不對人」的原則。

心理學中有一句話：「人性中最深刻的本能就是對被欣賞的渴望。」而欣賞，並不等於抽象的表揚。我們之前做了太多廣泛的表揚，是時候轉變表達方式了。

總之，表揚和鼓勵，對別人的影響是不同的，要「多鼓勵，少表揚；多描述，少評價」。

具體運用「行為＋感受＋評價」這一表達模型，無論是即興的表揚還是批評，都能說到對方的心坎裡去，對對方產生更為積極正面的影響。

⑲ 你可以質疑事情，不要質疑對方的動機

過去的工作效率來自明確分工，今天的工作效率來自協同合作。而在協同合作中，即興表達就是一項不可或缺的重要能力。

問題是，只要有合作，就會有偏差，這種偏差可能來自雙方本身理解的差異。比如，我說「時鐘」，沒有人會質疑我說的有歧義吧？

可是，每個人在腦子裡浮現出的時鐘就千奇百怪了，有人想起的是落地式的大擺鐘，有人想起的是自己床頭的小鬧鐘，還有人想起的是自己的手錶……其實，誰都沒錯，但就是有偏差。面對這種偏差，我們就會有不滿和異議，因此很容易產生衝突。

那在衝突中，要如何得體的表達出自己的異議和不滿呢？面對質疑和衝突

的核心原則是**可以質疑事情，但不能質疑動機**。

先來看一個生活中的案例：假設你先生這週連續五個晚上，都是午夜才回家，回家時還渾身酒氣。面對這種情況，太太多少都是會有些情緒吧，希望和先生聊一聊，讓他早點回家。

這是一個典型的案例——對方的做法與你的期望不符合，這種不符會導致你產生懷疑和不滿的情緒。但需要牢記的是，你的初衷並不是和對方吵架，而是希望透過表達不滿，來讓對方的做法符合你的期望。

這就會產生兩種結果：處理得好，雙方會朝著同一個目標不斷前進；處理得不好，不僅離目標越來越遠，甚至還會破壞彼此的關係。

可是，往往在現實生活中，我們所說的話與期望的目標背道而馳。比如，太太的本意是想讓先生早點回家，卻會表達成：「都這麼晚了，你還回家幹什麼？你都把家當旅館，乾脆別回來了。」

明明目的很明確，為什麼表達出來的語言卻讓你離目標越來越遠呢？

再來看一個工作中的案例。

假如你剛畢業沒幾年，但由於表現好，晉升成了某個小團隊的主管，上任沒多久，你就發現這個團隊裡有一個老員工——老陳，年資比你長，經歷比你豐富，但他成了你的部屬。

從你上任的那一天開始，他就三不五時遲到。特別是這一週，已經遲到三次了。

針對遲到這件事情，你會產生強烈的不滿，但再不滿，也不要質疑對方的動機，因為這對於你們接下來的溝通沒有任何的幫助。

面對這種情況，你會如何與老陳溝通這件事情呢？

無論是生活還是工作中的矛盾和衝突，都需要透過非暴力溝通來解決。這裡分享一個行之有效的表達模型：「事實＋感受＋需求＋請求」，每一個詞對應一個步驟。

第一步：事實

事實有兩個要素：一是不含形容詞、二是不可爭辯。

「今天天氣很熱。」這句話是不是事實？

不是，因為熱是個形容詞，熱是一種感覺。

「今天氣溫攝氏三十一度。」這是事實。

「小王總是遲到。」這不是事實。

「小王這週遲到四次了。」這是事實。

因為「總是」、「經常」、「老是」這些詞，是可以爭辯的。

所以，總結一下，事實就是不含形容詞、不可爭辯。之所以強調以事實開場，是因為大量的實驗發現，每一次衝突的成功應對，都是以安全感為前提。一旦讓對方覺得焦慮、緊張，覺得被誇大、被誤會，雙方就會陷入爭辯。

第二步：感受

表達感受的好處是，會拉近人與人之間的距離，讓人們在心理上離得更近。需要注意的是，感受不是評價，如果混淆這兩者，結果就會適得其反。

比如：「我覺得我的字寫得不好看。」這是一種評價，而不是感受。「我需要經常在公眾場合寫字，可是我的字寫得不好看，我很難過，甚至有點失落。」這句中的「難過」和「失落」，才是在表達感受。

再如：「我覺得自己被打擾了。」或「我覺得自己被拒絕了。」但這裡的動詞——「打擾」和「拒絕」，也不是感受，而是想法。

表達感受的語句應該是：「我覺得被打擾了，所以我很煩躁。」煩躁二字才是確定的感受。

一個人要建立起自己的感受詞彙表，這是即興表達很重要的一部分。表達需求得到滿足的詞語有：欣慰、高興、興奮、滿足、陶醉、幸福；表達需求沒有得到滿足的詞語有：擔心、忐忑、焦慮、生氣、灰心、絕望等。

利用具體的詞語表達感受，有助於自己和別人的情緒疏導。

第三步：需求

之所以會有前面的感受，一定是因為有某個需求被滿足或不被滿足。

表達需求時，不要總說「我也是為你好」，這是最沒有力量的一句話，而是要表達出自己最真實的需求，且這一需求最好能凸顯對方的重要性。

「我很需要你早點回家，否則我一個人特別害怕，我們剛搬到這個社區，附近的鄰居我一個也不認識。」這既是真實的需求，也凸顯了對方的重要性。

第四步：請求

請求一定要具體，正如一句話所說：「你希望別人拉你一把，那也得告訴別人，你的手在哪。」明確的請求，就是在告訴別人：「我的手在這兒。」

現在，我們利用「事實＋感受＋需求＋請求」這一表達模型，來解決一下前面的兩個案例。

針對先生晚歸這一案例，假如太太對先生說：「今天週六了，這週你有五個晚上都午夜才回家，回家的時候還渾身酒氣。」根據我們之前所講的內容，你能否快速判斷一下這句話是不是事實？不是，因為句子中有個詞語——渾身酒氣，這個是可以爭辯的。

比如先生可能會反駁：「哪裡渾身酒氣了，我不就喝了兩杯啤酒嗎？」可見，描述事實是一件很難的事情。

所以太太的表達應該是：

這一週有五個晚上你都過了午夜才回家，回家的時候身上還有酒氣。（描述事實）

所以我很傷心。（描述感受）

你看，孩子剛剛升上國中，正是特別容易叛逆的時期。所以，我特別希望一週中有幾個晚上，我們能和孩子一起吃晚飯，有些問題媽媽好談，但有些問題爸爸談會更合適。（表達需求）

所以我在想，從下週開始，你能不能每週至少有兩個晚上，晚上七點前回家，我和孩子等你一起吃晚飯？（說出請求）

不論你最終提出的請求是什麼，是否會完全實現，但至少這種方式會讓你離目標越來越近。針對職場中員工經常遲到的案例，運用上述表達模型，不妨嘗試這樣表達：

今天週四，這一週你已經遲到三回了。而且據我觀察，你每次遲到都超過半小時。（描述事實）

我有些失望。（描述感受）

你也知道我經驗不足，老陳，我很需要你的支援。你的支援對我來說，至關重要。（表達需求）

所以你看這樣行嗎？從下週開始，如果你要請假，麻煩你提前一天發郵件。如果實在沒辦法發郵件，那能不能當天早上傳個訊息給我？（說出請求）

以上就是「事實＋感受＋需求＋請求」這一表達模型在兩個案例的具體應用。需要掌握兩個關鍵點：一是以事實為著力點，不要妄加評論。諸如「你工作態度不好」、「你不尊重我」等，這些都是對人的評價，而不是對事實的描述；二是以人為著力點，明確提出你對對方的需求與請求。

不要讓對方覺得自己被誤解了，也不要讓對方摸不著頭緒，而是要明確表達出自己的需求。

20 一個對比的例子，遠勝一段理性的分析

在這個時代，無論你做什麼工作，其實你每天都在行銷自己和被行銷。你參加面試、去相親、交朋友，都是行銷自己。

其實，每一次的即興表達都是行銷。你要銷售自己的觀點、立場，你想獲得別人對你的認同，對你公司品牌的認同，甚至是對你的信任。這完全符合行銷的特徵。

因此，行銷不僅是一種工作技能，更是一種生活技能。

想成為行銷高手，需要做到兩個關鍵點：一是說話要因人而異；二是一擊即中。

表達是雙向的，尤其在即興表達中。你想把自己的觀點、立場短時間傳遞

給聽眾，就需要站在聽眾的角度，理解聽眾的訴求。一般情況下，聽眾都具有四個共通性。

第一，聽眾怕麻煩，不喜歡複雜的東西：

不要總想把觀點表達得面面俱到，就算你講得條理分明，聽眾也不一定記得住。一般在陳述中，要點盡量不要超過三點，以減少聽眾接受資訊的壓力。

第二，聽眾一定只喜歡與自己相匹配的東西：

有句話說得好：「與己有關，我才關注。」因此即興表達的內容和觀點，一定是與聽眾密切相關的，甚至讓對方覺得你就是為他而說的。一旦有了這種感覺，聽眾就會更加聚精會神聽你的表達。

第三，聽眾的認同帶有一定的功利性：

在即興表達時，最好將聽眾能得到的利益顯性化的呈現出來，以滿足聽眾追逐功利的心理。

第四，聽眾總有攀比之心：

在臨門一腳的時候，可以利用聽眾的攀比心理，適時的增加一個對比的例子，如今昔對比、自己與別人對比。要記住，一個對比的例子遠勝一段理性的分析。

上述可以概括為「四化原則」：**複雜的問題簡單化、簡單的問題通俗化、通俗的問題利益化、利益的問題案例化**。無論你是否從事行銷工作，都該牢記上述四點，因為這是人性的共通點。

具體將「四化原則」運用到即興表達中，可以對應以下四種句式：

第一句：簡單來說……。

第二句：它特別適合像你這樣……。

第三句：你有了它之後……。

第四句：舉個例子來說……。

我們暫且用「行銷四訣」來命名這個句式。

這四句話完全對應上面的四化原則，能讓表達的人思路清晰，理解每一句話的表達重點；聽眾也不需要調動太多的大腦資源，就能理解到每句話的要點，了解到自己內心所需要的東西。

現在假設，你想透過即興表達將保溫杯銷售給對方。既然要學會見什麼人說什麼話，就需要大概了解對方的屬性。

比如對方是典型的商務人士，但沒到天天泡枸杞的年齡，對保溫性能不是特別關注；不過出差頻率特別高，更關注的是保溫杯的輕便和時尚。

那麼，接下來按照行銷四訣，你的即興表達就要突出輕便和時尚。

第一句：「簡單來說，這是一個時尚又輕便的保溫杯。」

第二句：「它特別適合像您這樣經常出差又新潮的高端商務人士。」

第三句：「您有了它之後，手拿保溫杯也不會降低您的時尚感，還不用擔心增加行李重量。」

第四句：「舉個例子來說，上回我去拜訪某某公司，我發現柯總會隨身攜帶這款杯子。」

這樣進行表達，會不會比你逮到一個客戶，就迫不及待把產品知識全倒給他要好得多呢？

借助這個例子，簡單總結一下四句話的要點。

第一句話：「簡單來說……。」

這句話一定要簡單，突出聽眾的匹配點即可，不可貪多求全。

第二句：「它特別適合像你這樣……。」

這句話要讚揚對方，所以你要能迅速提煉出對方身上的亮點，甚至讓對方覺得這個產品就是為他定制的，進而凸顯他的身分。

第三句：「你有了它之後……。」

這句話就對應利益化，讓對方感受到用這個產品對他的好處。而且這個好處要和第一句話的產品特徵相關，即用好處來證明特質的真實性。

第四句：「舉個例子來說……。」

如果是舉人的例子，最好能舉一些比對方身分高一點點的人，因為人都有攀比之心。

當然，別高太多，離對方太遠的人往往激不起他的攀比心。如果舉的例子是某件事情，最好能具體到一、兩個關鍵行為。

假設，同樣的保溫杯，要賣給一個全職媽媽，你要如何進行表達呢？提醒一下，要見什麼人說什麼話，還要注意：不能說廢話。

全職媽媽比較重視孩子，所以她關注的就可能是保溫杯的保溫性和安全性。你不妨利用行銷四訣去嘗試表達一下。

見什麼人說什麼話，其實並不難。同樣的一個產品，面對不同的人群，雖然你表達的內容是完全不同的，但背後的表達思維和套路卻是完全一樣的。這就是表達思維和套路的魅力。

再來看一個例子，假設在一個相親的場合，有個男生要自我介紹。

有些人會提前準備好自我介紹，但你會發現這會讓你在什麼場合都說同樣的內容。不妨靈活運用行銷四訣，比如第二句「它特別適合像你這樣……」就可以調整成「我特別適合於……」；第三句「你有了它之後……」可以換成「你跟我在一起之後……」。變的是話術，但背後的思維和套路是不變的。

第一句：「簡單來說，我是一個體貼、善解人意的三十歲單身男青年。」

第二句：「我覺得我特別適合的一類女生，就是開心時能一起分享，失落時相互勉勵，充滿正能量的女生。」

第三句：「妳跟我在一起後，我們肯定會成為彼此生活中開心的催化劑、傷心的舒緩劑，而且在妳傷心難過的時候，我一定會成為妳最堅實的後盾。」

第四句：「舉個例子，兩個人在一起難免會吵架，如果我們吵架了，我保證，無論我多麼生氣，我都會每天幫妳擠牙膏。」

注意，第四句這裡你就不能舉人的例子，假如你說「舉個例子，我的上一個女朋友……」那就太傻了。

上面這一段即興的自我介紹，一定比你喋喋不休、把自己誇得天花亂墜更能打動別人。

假設你是公司的中層幹部，要為主管推薦一位新的區域總監，你打算如何用行銷四訣向主管介紹你的朋友小方呢？

你得先想明白公司對人選的訴求是什麼？小方的特長又是什麼？

第一句：「簡單來說，小方是一位很有市場開拓能力，而且區域資源豐富的人才。」

第二句：「我覺得他特別適合戰略市場的開拓，尤其對於新區域市場，雖然我們產品本身有一定優勢，但市場需要從零開始。」

第三句：「如果能把他吸引過來，相信不管是在市場團隊內部管理上，還是外部開拓上，他都能把握節奏。」

第四句：「舉例來說，他在上一家公司，也是一家上市企業，剛開始負責的就是東南亞市場的開拓，短短三個季度，就創下競爭對手兩年的營業額。」

行銷四訣的精髓，就是不能貪多，要瞄準一、兩個重點進行即興表達。無論你身處哪個情境，都可以運用這個套路，不過具體話術要懂得靈活轉變，並且每句話都要有要點和重點，這需要好好練習。向主管彙報某一個方案、在面試中介紹自己、商務競標時講解標書，都可以運用行銷四訣，各位讀者不妨練習一下。

本章與大家分享了即興表達的場景。在場景式的學習中，最重要的能力就是舉一反三，生活中的場景和關鍵時刻有很多，需要表達者去歸類，找到最適合的表達框架。

此外，透過場景式的學習，還能讓表達者防患於未然，積累表達經驗，進而應對各種突發、棘手的場合，並引導事態往更好的方向發展，正所謂「上醫治未病」。

第五章

表達的三大陷阱，別踩雷

㉑插話、諉過、老用否定句，都會害慘你

即興表達，既是一種表達技能，也是一種即興思維的呈現。想運用得好，必須儲備更多的表達結構，學會更巧妙應對各種場景，因為這些都是基本功。除了熟練這些基本功外，我們也需要掌握表達的關鍵，以發揮「畫龍點睛」的作用，達到「四兩撥千斤」的效果。

表達的關鍵點，可以概括成「三要、三不要」。

第一個「要」：要以終為始

以終為始，即在任何一次表達開始時，將表達所要達到的終點提前設置好。這與我們之前一再強調的「沒有目的，就不要去構建內容」一樣。不忘初

心，方得始終。

需要注意的是，即興表達的目標，不一定是帶有侵略性或是功利性，也不一定是一個目的性很強的終結點。比如，「我想和對方進行一次交流」、「我想給對方留下好印象」、「我想去安慰一下對方」，這些都可以成為即興表達的目的。

第二個「要」：在表達中要學會接受並示弱

一個真正成熟且自信的表達者，並不見得每一次都要在別人面前展現出無所不知、無所不能的一面，這樣並不一定會給對方留下好印象。真正讓對方感到舒服的不是展現出自己有多厲害，而是呈現出自己的真實。

實際上，在即興表達之中，適當展現出自己的短處與不足，甚至有時候**主動示弱，反而能夠拉近表達者與聽眾之間的距離**。

在面對身分比我們低的人時，學會接受和示弱，可以在雙方之間建立起平等的關係。

反之，面對那些身分明顯高於我們的人，也不一定要卑躬屈膝，而是要以同頻思維，透過肢體上、語言上的小幅度模仿，讓對方覺得雙方是處在同一頻率，從而以更平等的姿態相處。

第三個「要」：表達要邏輯清晰、觀點鮮明

一個真正會說話的人，並不在於話多話少，而是在於觀點是否精確、意思是否明瞭。

在每一次表達之前，不妨問自己一個問題：「我要說的這段話，如果用一句話來概括呢？如果用一個詞來概括呢？」在現實的工作和生活當中，你不一定都要將一段話變成一句話或是概括成一個詞，但是這個問題可以使你的表述邏輯更清晰、觀點更鮮明。

這就是即興表達中的三「要」：一要以終為始，這是目的；要接受並學會示弱，這是姿態；要邏輯清楚，觀點鮮明，這是結構。

由韓寒導演拍攝的一部電影《後會無期》（按：一部二〇一四年在中國上映的中國電影，未於臺灣上映），其中有一句臺詞：「小孩子才分對錯，成年人只看利弊。」這句話在表達的世界中也同樣適用。

一次表達，並非要追究絕對的對錯。有些話並無道理，但你接受了，因為你信任說這句話的人；有些話並不科學，但你包容了，因為對方的表達讓你覺得舒服；有些話言之鑿鑿，你依然不相信，因為你不認可說話的人。畢竟，人是感性的，在某些時刻會勝過理性。

明確的目的、包容的姿態、合適的結構，這三個要素能幫助你在即興表達中構建起一種更利於達成共識的情境。

接下來，我們再來談談即興表達中的三「不要」。

第一個「不要」：盡量不要使用否定詞

在日常的即興表達中，我們盡量不要使用否定性的詞語。讓我們先來看幾組用詞的對比。

比如，別人問你：「這件事交給你來完成，沒問題吧？」許多人會習慣性回答：「是，沒問題。」沒問題三個字就是一個否定性詞語。如果換成「當然可以」、「我很樂意」這樣正面的詞語來回答，儘管意思表述是一樣的，但是會給別人積極性更高、更有動力的感覺。

再如，主管問你一個你並不知情的問題，你會很自然的回答：「我不知道。」但如果能換成「我會找到答案的」這並不包含否定詞的回答，是不是會令人刮目相看？

此外，多數人平時都喜歡採用這種句子：「是的……但是……。」許多時候，前半句看似在表揚對方，但對方也會預感到後半句的「但是」。顯然，對方會更在乎後半句的「但是」。

為了達到更好的表達效果，不如把「是的……但是……」換成「是的……同時……」。

我們來對比一下兩者的表達效果。

「但是」句：「是的，他也有不對的地方，但是你的態度特別差。」

「同時」句：「是的，他也有不對的地方，同時我覺得你的態度如果可以改善，或許事情就有轉機了。」

可見，「同時」完全可以表達出「但是」的意思，卻比「但是」更為委婉含蓄，更容易為對方所接受。

第二個「不要」：不要打斷別人說話

一個優秀的表達者最重要的，並不是表達能力有多麼出眾，而是懂得尊重正在表達的人。只有讓別人感受到你的尊重，對方才會給予你同樣的尊重。

儘管道理大家都明白，但真正做到卻很難。特別是當對方的觀點與我們的觀點相左，或是我們自認為比對方高明時，我們都會忍不住打斷對方說話。因此，大家要學會克制自己的表達慾望，不要在別人表達觀點時打斷別人。

第三個「不要」：不要諉過於人

所謂「諉過於人」，即在向別人提出要求時，為了顯示不是自己在為難對方，往往會搬出另一個人，把責任推給他，無論這個人是真實的還是假設的。

假設，你作為團隊的小主管，有個部屬遲到了要扣錢，許多人礙於情面，不會直接去跟部屬說：「因為你遲到了，我要扣你的錢。」一些沒有經驗的管理者可能會說：「唉呀，我也不想這樣子，但主管說了還是得扣錢。」這樣，就製造出一個叫「主管」的人，把部屬遲到扣錢這件為難的事情推諉給主管，貌似小主管當了一回好人，事實上，這樣做對一個表達者是極為不利的。

如果管理者總是把自己的想法推諉給主管：「我也不想扣你的錢，但主管說了必須得扣。」、「我也不想讓你們加班，大家都很辛苦，但沒辦法，是公司要求的。」

實際上，這種做法只有一個結果：慢慢讓你在聽眾當中失去威信。因此，切記不可將為難的事情推諉給別人。

這就是即興表達的三個「不要」：不要使用否定詞、不要打斷別人說話、不要諉過於人。

此外，在即興表達中要避免成為一個讓別人討厭的人。「未聞其聲，先生反感」，這樣就為你的表達豎起一道無法逾越的屏障。

總之，在即興表達中，要時刻牢記「三要、三不要」，不斷提醒自己避開表達的誤區，讓自己更順暢、讓聽眾更享受的表達。

22 看完本書後，找個聆聽的對象幫你

在學習過程中不可貪多，與其一下子運用所有模型，不如先針對某一種模型練習，再應用到不同的場景之中。當熟練度越來越高，你會發現練好一招，勝過你會無數招。

要學會把複雜的案例歸納成場景，總結成套路和模型，繼而舉一反三的延伸，並適用於多種場景。

其中，我們需要遵循的一個邏輯就是「刻意練習」。《刻意練習》這本書裡有一句話：「如果你沒有進步，並不是因為你沒有天賦，而是因為你沒有用正確的方法練習。」盲目的練習並不能將你帶上成功的彼岸，只有目的明確的練習，才能讓你達標。

什麼是有目的的練習？簡言之，有目的的練習包含四個要點：確定目標，不斷改進；訓練必須專注；有立即的回饋；必須跳出舒適圈。

圍繞上面四個要點，就可以有針對性的訓練自己的即興表達。

一、確定目標，不斷改進

簡言之，每個階段只確定一個目標。比如，如果這個月的目標是把漢堡原則這個故事模型練到得心應手，那麼，在接下來的一個月，你要盡可能在各種場景都套用漢堡原則進行即興表達。

二、訓練必須專注

將自己的精力集中在正在做的事情當中。當人們聚精會神的做某件事，全部的感官都會積極參與，大腦會高速運轉，進而取得事半功倍的效果。

不僅要專注，還要刻意為之。刻意改編你的表達內容，要注意，改編的結果一定要比你原來習慣使用的方式取得更好的效果。

三、有立即的回饋

最好的方式是找個聆聽對象，然後你分別將改編前和改編後的兩種表達說給對方聽，看他的反應是什麼。

或者，用自己的手機錄下改編前、後的兩種表達，在重播的過程中發現問題，並解決問題。

四、必須跳出舒適圈

你在進行即興表達的練習時，起初可能會不習慣。以前的表達是不假思索、脫口而出，現在卻要按照套路表達，而且還可能運用得不熟練，自己都會覺得彆扭。

但這種感覺，正是跳出舒適圈的正常反應，是成長的必經之路。

要成為真正的即興表達高手，只有「有目的的學習」還不夠，還需要進一步刻意練習。

刻意練習是迄今為止最強大、最高效的訓練方式，目的是建立一個更強大的心理表徵來思考問題。

心理表徵在認知心理學上，說的是在思考事物時對應的心理結構。新手和專家看待問題的深度和高度是有差別的，差別就是心理表徵的不同。比如，前文提到的象棋大師和新手記憶棋盤的例子，就呈現出雙方心理表徵的差異。

實際上，心理表徵就是套路。持續、有目的的學習和訓練，進而讓心理表徵成為表達者一種穩定的心理結構。在未來遇到同類場景時，大腦就會自動調出結構，讓自己的行為和結果之間，建立立即且高品質的回饋。

《刻意練習》這本書提到：「我們只有努力複製傑出人物的成就，失敗就停下來思考為什麼會失敗，才能創建有效的心理表徵。」

本書中，針對即興表達總結出的模型，都是經過大量實驗證明有效的模型。作為即興表達的初學者可以先模仿，等到熟練之後，就可以在每次的應用過程中改良。

希望這本書能讓你對即興表達這件事情不再那麼手足無措，也希望我所分享的即興表達思維、結構、技巧、方法，可以在某個時刻助你一臂之力。

國家圖書館出版品預行編目（CIP）資料

不詞窮的即興表達：公司開會、電梯簡報、應酬聚會，你突然被點名發言，怎麼把可能滅頂的災難變成出頭機會？／王達峰著 .-- 初版 .-- 臺北市：大是文化，2021.02

224 面；14.8x21 公分 .--（Think；212）

ISBN 978-986-5548-30-8（平裝）

1. 說話藝術　2. 溝通技巧

192.32　　109018576

Think 212

不詞窮的即興表達

公司開會、電梯簡報、應酬聚會，你突然被點名發言，
怎麼把可能滅頂的災難變成出頭機會？

作　　者　王達峰
責任編輯　郭亮均
校對編輯　張祐唐
美術編輯　張皓婷
副 主 編　馬祥芬
副總編輯　顏惠君
總 編 輯　吳依瑋
發 行 人　徐仲秋
會　　計　許鳳雪、陳嬅娟
版權經理　郝麗珍
行銷企畫　徐千晴、周以婷
業務助理　王德渝
業務專員　馬絮盈、留婉茹
業務經理　林裕安
總 經 理　陳絜吾

出 版 者　大是文化有限公司
臺北市 100 衡陽路 7 號 8 樓
編輯部電話：（02）23757911
購書相關諮詢請洽：（02）23757911 分機 122
24 小時讀者服務傳真：（02）23756999
讀者服務 E-mail：haom@ms28.hinet.net
郵政劃撥帳號／ 19983366　戶名／大是文化有限公司

法律顧問　永然聯合法律事務所
香港發行　豐達出版發行有限公司 Rich Publishing & Distribution Ltd
香港柴灣永泰道 70 號柴灣工業城第 2 期 1805 室
Unit 1805, Ph.2, Chai Wan Ind City, 70 Wing Tai Rd, Chai Wan, Hong Kong
Tel：2172-6513　Fax：2172-4355
E-mail：cary@subseasy.com.hk

封面設計　林雯瑛
內頁排版　蕭彥伶
印　　刷　鴻霖印刷傳媒股份有限公司

出版日期　2021 年 2 月初版
定　　價　340 元
ISBN　978-986-5548-30-8　（缺頁或裝訂錯誤的書，請寄回更換）